すごすぎる！

武将たちのPR戦略

殿村美樹

ワニブックス
|PLUS|新書

はじめに

四〇〇年前のPRに「成功の秘密」が隠されている

この本のテーマは、以下の二点に要約することができます。

Ⅰ　武将たちから学ぶPR術
Ⅱ　歴史をPRに活かす術

武将たちから学ぶPR術と聞いて「なんで?」と思う方も少なくないかもしれません。たとえば、日本でテレビ放送が始まったのは一九五〇年代。インターネットが一般に普及したのは一九九〇年代に入ってからです。そういったメディアの力を利用して、自分たちの利益につながる情報を発信・拡散することだけがPRの在り方だと認識していれば、「テレビもインターネットもなかった時代からなにを学ぶのか?」と疑問に思うのも当然のことです。

また、商品やサービスの売り上げ向上こそがPRの目的だといった認識を持っている方も「いまのように商品経済が発達していなかった時代に、なにをPRしたのか?」と首を傾げていることでしょう。

じつは、そういった認識はいずれも誤りで、PRという活動のごく一部を捉えた見方に過ぎません。

本書では、特に徳川家康(一五四三~一六一六年)、北政所(豊臣秀吉の正室・ねね/一五四二頃~一六二四年)、宮本武蔵(一五八四頃~一六四五年)を「日本史におけるPRの達人」として取り上げますが、各章のⅠ(武将たちから学ぶPR術)のパートでは彼らが見せた手法を紹介しながらPRの本質に迫っていきたいと思います。

そして、歴史上のPRの達人たちが示してくれたPRの本質を参考にしながら、彼らが取ったPR戦略を現代のPRに活かす手法を紹介するのがⅡ(歴史をPRに活かす術）のパートです。つまり、過去から学び、その教訓を現代にどう活かすかを考えていきます。

ただし、ここで言う「ＰＲの本質」は、わたしがこれまでの実績を通じて培ってきたオリジナルの理論が色濃く反映されたものです。現在、日本で認識されているＰＲの多くは「情報をどうやって伝えるか」に主眼を置いています。当然、そこでは最先端のデジタル・メディアやマスメディアを駆使した情報流通こそがＰＲの本質と捉えられていることになります。

よって、わたしが実践しているＰＲの手法は決して主流派ではないということになります。そして、現在日本で行われているＰＲの主流というのは、言い換えれば米国式のＰＲと言えるでしょう。それは、多くの予算と人手を投下して展開するＰＲです。「あまり予算がないけど、効果的なＰＲをしたい」と考えている方は、どうぞ、この本を最後までお読みください。あなたの求める効果を生むためのヒントが、この本には記されています。

わたしは、これまで、予算を含めて制約の多い案件、それでいながら確実な効果を求められる仕事に多く携わってきました。そういったキャリアはわたしの財産であり、誇りです。主に地域の振興に関わる仕事ですが、これまでに「ひこにゃん」「今年の漢字」「佐世保バーガー」「うどん県」など大きなムーブメントを作ることにも成功しました。そして、大きな成功につながった案件のなかにも、最初にクライアントから「なにをPRすれば人が来ますか？」と問いかけられたケースが少なくありません。

なにをPRするのか。このテーマは、多くの案件でわたしの仕事のファースト・ステップとなってきました。大半のPR活動において「情報をどうやって伝えるか」に主眼を置いている同じ時代に、わたしは「なにを伝えるか」をつねに考えてきたことになります。そもそもの出発点が、わたしの仕事と王道とされるPR活動とは、根本的に異なっているのです。

日本の歴史と、グローバリズムの本当の関係

では、「なにをPRすればいいのか――」からお話しします。

地域振興を目的としたPRを考える際、わたしがつねに手がかりとしてきたのは、それぞれの地域の歴史です。こう言うと、また「グローバリズムの時代に、どうして地域の歴史なんだ?」という声が聞こえてきそうです。そう考える方は、グローバリズムと同時進行でなにが起きているかをご存知ではない。あるいは、グローバリズムの正体を理解されていない、と言えるでしょう。

たとえば「シチリア料理」というキーワードでネット検索をすると、じつに多くのレストランがヒットします。シチリアは言うまでもなくイタリア南部、地中海に浮かぶ島ですが、そこの郷土料理も少し前までは「イタリア料理」という枠組みのなかで一括《ひとくく》りにされてきました。それが、いま、シチリア料理として細分化され、よりローカルな色彩を強めることで注目を集めているのです。

ハンバーガーの世界でも、これまでは「米国の食べもの」と大雑把に考えられてきたものが、やはりハワイ、テキサスといった細分化された単位で個性を主張することがトレンドになっています。

グローバリズムによって存在が危うくなっているのは、固有の歴史を持ち、伝統的生活を営み続けているローカル・コミュニティではなく、十九世紀初頭の「ナポレオン戦争」によって欧州から世界に広がった「国民国家」の概念なのです。

マルチェロ・マストロヤンニとソフィア・ローレンが主演のイタリア映画『ひまわり』（一九七〇年／ヴィットリオ・デ・シーカ監督）は、マストロヤンニ演じるミラノ生まれの夫とローレン演じるナポリ生まれの妻が新婚旅行先でオムレツを作る際に、バターで焼くかオリーブ油で焼くかで揉めるシーンから始まります。ミラノもナポリも同じイタリアですが、北方のミラノはバター、南方のナポリはオリーブ油といった具合に料理文化の根底からして異なっています。現在のイタリアは、一九世紀の後半まで小国の集合体に過ぎず、いわゆる「イタリア料理」などというものは、そもそも存在していないのです。

国民国家の概念が揺らいでいることは、グローバリズムの進行とシンクロするようにスコットランド（イギリス）、カタルーニャ（スペイン）、ハワイ（米国）などの諸地域で独立を求める運動が高まってきていることからも明らかでしょう。歴史についても、日本史は世界史の一部であり、また、その日本史は個々の郷土史の集積として成立しているといった認識がグローバリズムの時代に求められる捉え方です。ここまでの説明だけでは、まだ不十分でしょう。グローバリズムの進行によって、従来の国民国家という単位よりも細分化されたローカリズムが重要視される時代になった。それは納得していただけたと思いますが、問題は「なぜ歴史がビジネスや現代のコミュニケーションに役立つのか?」ということです。「歴史をPRに活かす術」というテーマの必然性を語る上では、ここまでの説明だけでは、まだ不十分でしょう。

これを説明するには、わたしの失敗談を紹介するのが手っ取り早く、もっとも効果的だと思います。

○○県のA市とB市は仲がわるい

地域振興につながるPRを主に手がけてきたので、わたしにとってのクライアントは県庁の観光課などという案件も少なくありませんでした。しかし、この「県」という単位が、またクセモノなのです。

あるとき、信州大学に呼ばれて臨時の講義のような形でお話しさせていただいたことがありました。講義が終わって質疑応答の時間になると、当然、PRプロデューサーを名乗っているわたしを呼んでいただいたのだから「地域振興のために、なにをPRすればいいでしょう?」という質問をいただきました。その質問に対し、わたしは「おやき」を打ち出していこうと答えたのですが、会場がザワザワと不穏な空気に支配されていったのを憶えています。来場者のひとりは「えッ⁉　おやきィ?」という鋭い声を上げました。

地域振興のきっかけとしてグルメ、地元で親しまれている伝統的食べものを取り上げるのは、ある意味、地域PRの常道です。わたしも、これまで、数々の地域グルメをフックに使ってPRを成功させてきました。香川県を「うどん県」としてPRしたケースなどは、その典型と言えるでしょう。しかし、この信州大学での講演では、わたしは長野という県の成り立ち、つまり郷土史について、あまりにも勉強不足でした。

そして、ここで言っておきたいのは、わたしと同じような失敗は、たとえば日本各地を巡るセールスの仕事をしているような方なら何度も体験しているはずだということです。

現在の長野県は、江戸時代には一一の藩と幕府直轄の天領によって構成されていた地域です。明治維新後、一八七一年の廃藩置県を経て、北部の長野県（当時）と南部の筑摩県という二県体制となり、一八七六年に筑摩県庁が焼失したのを機に現在の長野県に統一されました。

かつての長野県・筑摩県というのは、それぞれ現在の長野市・松本市を中心とした地域です。長野市には日本を代表する名刹・善光寺があります。いっぽう、松本市には商業の中心地を担ってきたプライドがあり、現在も旧筑摩県のエリアにある諏訪湖の周辺にはセイコーエプソンの本社が置かれるなど、主に精密機械工業の分野で日本でも重要な位置を占めています。一八七六年までの二県体制は、現在も長野市と松本市の対抗意識という形で残っているのです。

長野県議会では一九四八年に、一度は旧長野・筑摩県の二県体制に戻す分県案が可決されています。そのとき、議会を傍聴していた県民たちが県歌『信濃の国』の大合唱を始め、議場にいた全員が泣き、決議したばかりの分県案を廃案にしたといいます。もちろん、この知識はあとになって学習したもので、信州大学で講演したときには知らなかったことです。だから、わたしは「おやき」と言った。たしかに「おやき」は、長野県を代表する郷土グルメですが、旧筑摩県エリアでは伝統的に焼いた「おやき」が主流で、旧長野県エリアでは蒸したものが主流。つまり、「おやき」で県外から観光客を呼ぼうとする場合、どちらのものを打ち出すかで、県内の二大勢力が揉めること必至の〝要注意アイテム〟だったのです。

ちなみに、全国にある国立大学で現在の県名や市名と異なる名称を冠しているのは、沖縄の琉球大学と長野の信州大学だけです。その理由は、ここまで説明した通りで、現在の信州大学にも長野キャンパス・松本キャンパスがあります。

もし、わたしが長野県の郷土史をもっと知っていれば「おやき」とは答えず、県の分裂を食い止めた『信濃の国』を挙げて会場の全員から拍手を浴びていたかもしれません。

ある商品に関して「長野市では売れているのに、なぜ松本市では売れないのか?」とボヤいている方に言いたい。長野で売れていると聞けば聞くほど、松本の人々の心情に「だったら買いたくない」という意識が芽生えるケースもあるのです。

もしかしたら、あなたは、それに気づいていないだけかもしれません。

カミソリ後藤田の歴史活用術

こういった歴史に対する認識を、特定の地域だけでなく全国レベルで網羅して、自分の仕事に活用した人物として後藤田正晴さん（一九一四～二〇〇五年）が挙げられるでしょう。内閣官房長官、法務大臣などを歴任し、「カミソリ後藤田」の異名をとった有能怜悧《れいり》の実務型政治家でした。

国政を担う政治家の大きな仕事のひとつは、国内各地域間の利害調整にあります。たとえば長野県で万国博覧会を開催するとして、そのメイン会場を長野市にするか松本市にするかで大揉めに揉めることは、先に述べた通り明らかです。わたしは信州大学に呼ばれたときに地元の歴史を勉強不足でしたが、カミソリ後藤田は、そういった地域間の利害対立の背景にある郷土史を、すべて事前に頭に入れていたといいます。

彼は政治家に転身する以前（一九七六年の衆院選で初当選）、戦前からの旧内務省の官僚でした。この内務省というのは、どのような官庁だったか。現在の都道府県知事は選挙によって選ばれる公選制ですが、一九四六年までは中央政府によって任命される官選制で、その決定権を握っていたのが内務省だったのです。

カミソリ後藤田は東大法学部を卒業後、一九三九年に入省しましたが、その動機について「四七の道府県すべてを握っていたから」「各道府県庁を通じて、それぞれの地域に住む国民の生の声に接することができるから」といったコメントを残しています。

内務官僚の仕事は、本省勤務の場合でも各自に担当の道府県が割り当てられていたし、カミソリ後藤田は戦前には富山県庁、終戦直後には神奈川県庁に勤務した経験もあります。こういった業務を通じて、彼は日本全国の郷土史に精通していったのでしょう。また、内務省がGHQの指導によって解体されたのち、一九五九年からの三年間は自治庁(一九六〇年に省へ昇格)の税務局長を務めましたが、当時の仕事を通じて次のような成長を自覚したといいます。

「地方から中央を見る目が養われた」

当時、一九六〇年前後といえば、日本でも世界でもまだ「グローバリズムの時代だ」

といった声は聞こえてきませんでしたが、わたしは、この「地方から中央を見る目」というのが現代のグローバル社会に求められるものだと考えています。ヒト・モノ・カネが国境を越えて行き交う社会では、自分が生活する土地にしっかりと根づいた確固たるアイデンティティが不可欠だからです。

カミソリ後藤田なら、信州大学に呼ばれて講演しても、わたしのような間違いは犯さなかったはずです。そして政治家に転身後も、国政の舞台で官僚時代に培った郷土史に対する認識・教養を活かし、主に地域間の利害調整を通じて卓越した手腕を発揮したのです。

長野市と松本市のようなライバル関係・対抗意識は、長野県だけでなく全国各都道府県のさらに細分化された地域にも存在しています。それらを、わたしの経験に照らし合わせて紹介しながら「歴史をPRに活かす術」というⅡのテーマを具体的に解説していきたいと思います。

目次

第三章　宮本武蔵の「剣豪伝説」が語り継がれた本当の理由……135

第一章　徳川家康の恐るべきブランディング

Ⅰ　徳川家康から学ぶＰＲ術

戦国武将たちのプレゼンテーション

さて、テレビもインターネットもなかった時代、それどころか電気すら通っていなかった四〇〇年前に実践されていたＰＲとは、どのようなものだったのか。

わたしは、これまでの著書で「ＰＲは単に商品の購買に向けて人を動かすだけのものではない」ということを繰り返し述べ伝えてきました。自己ＰＲという言葉を皆さんも耳にしたことがあるでしょう。これも、商品のセールス・プロモーションには関係していなくても、立派なＰＲ活動です。

自分の魅力をアピールし、自分が伝える情報は相手にとってもメリットとなることを理解させて仲間に加え、自分の思い描くプロジェクトが実現しやすい環境を整備していく。たとえば、社内の企画会議で自分の立案したアイデアが通るように根回しすることもＰＲ。というよりも、ＰＲの本質を見極め、効果的な展開方法を身につけることで、そういったプレゼンテーション能力も向上していくのです。

具体的に、社内の企画会議を例にとって「メディアを使わないＰＲ術」を考えてみたいと思います。あなたには、以前から温めてきた企画があります。もちろん、それは会社全体の利益に貢献するプロジェクトだという自負が、あなたにはあるでしょう。そして今日、一〇人の役員たちの前で、そのプランをプレゼンテーションします。

一〇人いる役員の内、六人が「よし、それでいこう」と言えば、あなたの企画が実現に向けて動き出す可能性は大。大切なことは、こういったプレゼンテーションの際に、吟味役が一〇人いるからといって、一〇人すべてを相手にしないことです。一〇人全員を相手にするということは、あなたの自己ＰＲが「役員会」という漠然とした対象に向けられ、的が絞れていないことを意味します。

漠然と一〇人全員をプレゼンテーションの対象としていたのでは、下手をすれば過半数の賛同すら得られない可能性があります。あなたの企画が実現に向けて動き始めるために必要な仲間は、一〇人全員ではなく過半数の六人なのです。それは誰と誰なのか、具体的に想定して働きかけることができるかどうかが、ここで問われるPR術です。そして、こうやって役員会の構造を個人のレベルまで掘り下げて分析する作業を、わたしは「見える化」と呼んでいます。見える化は、すべてのPR戦略の第一歩となります。先人たち、特に戦国時代を生きた武将たちは、生き残りを賭けたPRを緻密な見える化から始めていったのです。

織田信長、豊臣秀吉、徳川家康といった名将たちも、自分の軍勢だけの力で勢力を拡大していったわけではありません。戦国時代、いや、中国の『三国志』の時代から、合戦の勝敗を分けてきたのは「どの武将が誰に味方するか」といった武将間の同盟関係でした。強力な武将と同盟関係を結び、援軍を仰ぐことが叶えば合戦に勝利し、そうでなければ敗れる。力がものを言った戦国の世も、民主主義の時代も、政治の世界が「数の論理」で動くのは変わらないのかもしれません。

そして、勝敗を分ける同盟関係を有利に結ぶために、武将たちは自分の娘を相手方に嫁がせるといった政略結婚も駆使しました。相手の娘が自分の家中にいれば、一方的に同盟関係を破棄して背後から斬りつけられるような裏切り行為はないだろうという担保のようなもので、嫁いだ娘は実質的に人質でした。しかし、べつの武将との同盟関係が有利と考えれば、そういった人質を見殺しにしてまで、勝利のために寝返る。忠義を絶対の価値基準とするいわゆる「武士道」が確立されていくのは、平和な江戸時代に入ってからのことです。

関ヶ原の戦い、勝敗の決め手は家康の「見える化」戦略

一五九八年、戦国の世で天下統一を果たし、「太閤」と呼ばれた豊臣秀吉が薨去《こうきょ》しました。豊臣家の後継者である秀頼は、このとき満五歳になったばかり。天下の舵取りを任せるには幼過ぎるため、豊臣家では秀頼が成長するまでの期間、五大老と呼ばれた有力諸侯（徳川家康・毛利輝元・上杉景勝・前田利家・宇喜多秀家）による集団指導体制を採用することを決めます。ところが、この五大老のひとりであった徳川家康が、まず

火種を作り、一触即発の事態へと発展していきます。これが、関ヶ原の戦いの端緒と言えます。

豊臣秀吉の遺書とも言える「御掟《おんおきて》」（一五九五年発布）には、許可なしに各武将間で婚姻関係を結ぶことを禁じる旨が記されていました。前述した自己PRを武将たちが勝手におこない、仲間を増やして政権を転覆させることを未然に防ぐ意図があったことは間違いありません。が、家康は秀吉の死後、なんと五件もの政略結婚を縁組みしています。これらの婚姻によって家康が同盟関係を結んだ武将は伊達政宗、福島正則、蜂須賀家政、加藤清正、黒田長政ですが、なかでも豊臣家から厳しく問題視されたのが、伊達政宗の長女と家康の六男・松平忠輝との婚約（一五九九年）でした。

伊達政宗は独眼竜の異名も取った東北最強の武将。そこと五大老のひとりである家康が同盟関係を結んだとなれば、豊臣体制を脅かす勢力となることは容易に想像できるし、そもそも秀吉の遺言を完全に無視した所業です。

そのため、五大老のなかでも重鎮の地位にあった前田利家と家康の間で武力衝突寸前の事態となりました。このときは家康が誓書を差し出したことで決着しましたが、いっぽうで家康は豊臣体制のなかに自分以外、また自分と同盟関係を結んだ武将以外にも不満分子がいることを見逃してはいませんでした。当時の政権内（それも豊臣家との同盟関係によって成り立っていました）に、突けば崩れる脆弱な部分があるのを鋭く看破していたのです。

そもそも、前田利家との一触即発の危機を招いた家康の政略婚姻の相手も、福島正則は秀吉の実母・なかの甥、加藤清正の母も、なかの従姉妹にあたります。側近を近親者で固める傾向の強かった秀吉の築いた体制に対して、明らかな切り崩しを狙ったものでした。

キーマン・小早川秀秋を炙り出す

そして、晩年の秀吉が狂気という見方もされるほどの異常な執念を燃やした文禄の役（一五九二～九三年）、慶長の役（一五九七～九八年）という二度にわたる朝鮮出兵に関連する形で、豊臣体制内には遺恨が燻っていたことも家康は見逃しませんでした。

なかでも、慶長の役で朝鮮半島に渡り、秀吉からの再三の帰国命令によって日本に戻ったあと、筑前（現在の福岡県西部）から越前（現在の福井県嶺北地方と岐阜県の一部）に転封された小早川秀秋は、大きな不満を溜め込んでいたに違いありません。

石高・三〇万七〇〇〇石の筑前から、わずか一二万石の越前への国替えは、明らかな左遷と言っていいもの。しかも、秀秋の所領であった筑前は、その後、太閤蔵入地として秀吉の直轄地となったのですから、不満を持つのも当然です（秀吉の死後、家康ら五大老によって筑前・筑後に復領）。

また、秀秋は太閤秀吉の義理の甥として生まれ、その後、実子のいなかった秀吉の養子となり、元服すると羽柴秀俊を名乗りました。つまり、秀吉の後継者のひとりという立場にあったのです。しかし、秀吉が待望の男子・秀頼を得ると、小早川家に養子に出されます。ますますもって、面白くない。

そして、一六〇〇年一〇月二一日の関ヶ原の戦い（本戦）で、勝敗の行方を左右する鍵を握ったのが、この小早川秀秋でした。秀秋は一万五〇〇〇の軍勢を率い、西軍（豊臣方）の武将として関ヶ原の地に赴きますが、合戦が始まってしばらくすると、家康率いる東軍に参戦し、結果としてこれが勝負の決め手となったのです。

もちろん、家康はただ秀秋が寝返るのを待っていたわけではありません。関ヶ原の南西・松尾山に布陣した秀秋のもとに使者を送って自分に味方するよう、働きかけていました。その際、合戦に勝利した暁には秀秋に広大な領地を与えるという条件提示も忘れていません。関ヶ原の戦いのあと、秀秋は家康から岡山藩・五〇万石を与えられています（なお、この出来事の背景には北政所の存在がありますがそれは後に詳しく述べます）。

しかし、たしかに軍事面では小早川秀秋が自軍であるはずの西軍に向けて放った矢が決定打となりましたが、勝負はその前、つまり家康が豊臣体制のなかで不満分子を見つけ、ピンポイントで働きかけて寝返らせた時点で決していたと言えるでしょう。そして、このように自分に味方してくれる人物を洗い出す行為を、わたしはＰＲの理論のなかに位置づけて「ステークホルダー（自分を取り巻く人間関係）の見える化」と呼んでいます。

先に「自分のプレゼンテーションの対象を漠然と全体像で捉えてはダメだ」と言いましたが、さらに踏み込んで考えると、企画会議で可否の決定権を持つ役員が一〇人いたとしても大きな影響力を持つ特定の人物を見つけてピンポイントで働きかけることが重要になります。そのためには、プレゼンテーションの対象である会議のメンバーひとりひとりについて、新しいアイデアについてどんな反応を示すか、可否を決める際に誰の顔色を窺《うかが》っているかといった情報を事前に整理しておくこと。これが見える化です。

二六五年の太平の世は、いかにして実現したか

徳川家康の話を続けましょう。なんといっても約二六五年にも及んだ幕藩体制の礎を築いた人物です。PRという視点で見ても、彼のセンス（時代を見抜く洞察力）と実務面の手腕は並外れています。

まず、一六〇三年に江戸幕府を開府すると家康は「武家諸法度」を発布して法制面を整備しますが、そこには大名間で勝手な婚姻を結ぶことを禁じる条項もありました。そう、かつて秀吉が遺言し、家康が破った掟を、今度は将軍となった家康が定めたのです。家康こそは、政略結婚による同盟関係の酸いも甘いも知り尽くした武将と言えるでしょ

う。

余談ですが、ひとつの体制の寿命としては七〇年というのが一般的な目安になるという見方があるそうです。たとえば、二〇世紀の後半には米国と世界の覇権を争っていた旧ソ連も、ロシア革命を経て一九二二年に成立したものの一九九一年に体制が崩壊しています。享年、六九。日本の場合も明治維新後の体制が軍国主義に染まって崩壊するまで、約七〇年。

人間の寿命が延びた現在も、七〇歳というのはひとつの節目でしょう。わたしは「世界は情でできている」と考えていますが、体制の誕生当時の苦労やよろこびを皮膚感覚で知っている第一世代が去っていくことは、組織の運営においても重大な意味を持つのかもしれません。

日本の戦後、米国との同盟関係を基軸とした体制も七〇年という耐用年数を過ぎていますが、逆に言えば、国も企業も七〇年という目安を超えて存続し続けていれば、そこには特筆に値する論理的に整備された基盤が存在するということでしょう。いずれにしても、徳川家康というのはタダ者ではない。その凄さを、ＰＲの視点からさらに分析していきたいと思います。

関ヶ原の戦いで豊臣陣営を「見える化」して勝利を手繰り寄せた家康ですから、一六〇三年に征夷大将軍の位に就き、江戸幕府を開府したのちも当然、自身の政権が盤石のものであるとは考えませんでした。不満分子・小早川秀秋を炙り出して寝返らせた彼の慧眼《けいがん》は、同様に、表面上は自分に忠誠を誓っている武将のなかにも不満や野心を持っている者がいること、また日本にはいまだに太閤・秀吉の治世にシンパシーを覚える人々がいることを見逃さなかったのです。

そういった状況を、いかにして自分がコントロールできるものにしていくか。ここでもＰＲの手法が活かされています。

天下統一を成し遂げたのちに家康が手がけた代表的な事業のひとつに五街道（東海道・中山道《なかせんどう》・日光街道・奥州街道・甲州街道）の整備があります。なかでも温暖な太平洋沿岸を通る東海道は、今日でも日本の大動脈となっているように、家康が天下を統一する以前から主要な通行ルートとして利用されてきました。

ただ、家康はこのルートに「宿《しゅく》」を制定して通信・運輸の環境を整備し、街道としての機能を持たせたのです。五街道はすべて、起点が江戸・日本橋に統一され、東海道は日本橋から京都の三条大橋まで。そして、家康が東海道に設けた宿は五三カ所。「東海道五十三次」という決まり文句の由来となります。

しかし、じつは東海道は五十三次ではなく五十七次だったのです。そこに〝秀吉後〟の日本をデザインし、二六五年にも及ぶ太平の世の礎を築いた家康のPR戦略が隠されています。

「東海道五十三次」によって示された〝秀吉後〟の体制

一六一五年、大坂夏の陣によって豊臣家は滅び、徳川家による日本の支配が確定的となると、家康は東海道を終点の京都・三条大橋から大坂・高麗橋まで延伸して伏見・淀・枚方《ひらかた》・守口の四つの宿を整備します。これが「東海道は五十七次だった」といわれる根拠ですが、実際には三条大橋よりも西の部分は、東海道と一体のものとして整備されたにもかかわらず、べつの街道として区別されました。

じつは、三条大橋から大坂・高麗橋までの区間は、もともと秀吉が京街道として整備していたルートなのです。つまり、家康は五街道の整備を自分の事業として後世に残したいと考え、自分よりも先に秀吉がすでに整備していた部分を敢えて除外したのです。「秀吉の時代」と「秀吉後の時代」を明確に区分し、自分が天下を統一して征夷大将軍となったことを全国にPRすることが目的だったと考えられます。

時代が変わるということは、単にそれまでの統治者だったA氏が去り、B氏が就任するというだけのことではありません。フランス革命（一七八九～九九年）が成立すると、パリでは街頭の時計台が次々と破壊されたといいます。旧体制で流れていた時間を捨て、新たな時間へ。反体制のヒッピーたちを描いた映画『イージー・ライダー』（一九六九年／デニス・ホッパー監督）も、主人公がはめていた自分の腕時計を投げ捨てるという象徴的なシーンから始まります。

また、米国との戦争に勝利し、南北統一を成し遂げたベトナムでは、米国の傀儡《かいらい》国家と化していた旧南ベトナムの首都・サイゴンの名称がホーチミン市へと改められました（ホー・チ・ミンは、旧北ベトナムの指導者として米国と戦った政治家の名前）。

さらに、秀吉の時代と自分の時代を明確に区切るために家康が実践したPRは、これだけではありません。東海道五十三次の終点である京都・三条大橋とは、どのような場所であったか。その下を流れる鴨川の河原は、刑場として残酷な処刑や晒し首がおこなわれる場所だったのです。秀吉の養子で秀頼が誕生する以前には世継ぎとして関白の地位にも就いた豊臣秀次は、その後、強制的に出家させられ高野山で切腹し、三条河原で晒し首にされています。また、関ヶ原の戦いで西軍を決起させた石田三成も六条河原で斬首されたのち、ここで晒し首にされ、有名な盗賊・石川五右衛門が釜茹でにされたのも三条河原でした。

なんとも恐ろしい場所。現代よりも迷信が幅を利かせていた四〇〇年前ならば、なおのこと人々は、できるならば近づきたくないと思ったことでしょう。じつは、東海道の五十三次目・大津宿から大坂に向かうには、三条大橋ではなく五条大橋を経由するほうが便利。実際に、東海道が発展した現在の国道一号線は、五条大橋を通っています。

そして、五条大橋といえば、古くから清水寺参拝の道としても親しまれ、源義経と弁慶が出会った優美な伝説の舞台でもある。江戸から東海道を旅して京都にやってきた人たちも、終点が五条大橋だったならば大いに観光気分を満喫できたことでしょう。

ちなみに東海道五十三次から西、秀吉が整備した京街道は、京都と伏見を結ぶ鳥羽街道と、伏見から五条大橋までの伏見街道というふたつのルートによって成り立っていました。つまり、本来は三条大橋を通るルートなど存在していなかった。家康は五条大橋を通る従来のルートをわざわざ曲げて東海道を整備したことになりますが、では、いったいなぜ、三条大橋を東海道の終点とする必要があったのか。ここにも家康の遠謀深慮が隠されています。

家康は、一刻もはやく人々の脳裡から秀吉の残像を消し去ることを考えていたのだと思います。そこで、誰もが「できれば渡りたくない」と考える三条大橋を東海道五十三次の終点とし、そこから先、大阪までのルートに脚を踏み入れることを妨げようとしたのでしょう。大坂は、言うまでもなく秀吉が居城を置いていた土地です。

自分の時代を確立するために、ここまでやる。自己ＰＲは、やるのなら緻密に、徹底してやらなければ意味がありません。中途半端な自己ＰＲは「目立ちたがり屋」という印象を周囲の人々に与えるだけの結果に終わるでしょう。ただ、それにしても本当ならば五十七次だった東海道が五十三次になってしまったことは、少し残念な気もします。

サン・ファン・バウティスタ号の謎

関ヶ原の戦いでの勝利に至る過程で家康が、秀吉の遺言を無視してまで、自分の六男・松平忠輝と伊達政宗の長女との政略結婚を成立させ、同盟関係を結んだことはすでに述べました。伊達政宗（一五六七～一六三六年）は家康よりふた廻り年下ですが、このふたりは互いの力量を認め合い、協力して数々の大事業を成し遂げています。

政宗が建造したサン・ファン・バウティスタ号によってローマ教皇庁にコンタクトした、有名な慶長遣欧使節団の派遣も、家康との協調関係なくしては実現しなかったと言っていいでしょう。一五四九年にイエズス会の宣教師フランシスコ・ザビエルが九州に上陸してキリスト教を伝えて以降、日本では急速にキリスト教信仰が拡がり、高山右近・有馬晴信・小西行長らのキリシタン大名も誕生しています。また、織田信長はイエズス会を通じてポルトガルとの貿易に力を入れ、大量の銃器を得たことで戦国の世で天下人にまで昇りつめました。

しかし、江戸時代に入り、カトリック勢力がフィリピンや隣国・清などアジアでも宣教活動を足がかりに植民地化を謀っているとの情報を得た家康は一六一二年（及び翌一三年）に禁教令を出します（事実、フィリピンはすでにスペイン領となっていました）。

ここで注目したいのは、支倉常長《はせくらつねなが》を日本側使節団の団長に置き、スペイン国王、ローマ教皇への拝謁を目的としたサン・ファン・バウティスタ号の出航が一六一三年だということです。

つまり、禁教令のあと。使節団は、まず太平洋を横断してスペインの植民地だったメキシコに向かい、その後、スペイン艦隊に便乗する形で大西洋を航海してヨーロッパへというルートを採っていて、メキシコ副王に宛てた家康の親書も携えていました。また、船の建造には幕府の船奉行・向井忠勝のもとから御内衆や公儀大工が多数派遣されて携わっていることからも、政宗の遣欧使節団が家康の公認・協力を得たものだったことは明らかでしょう。

では、いったいなぜ、家康は禁教令を発布するいっぽうで、それと明らかに矛盾する遣欧使節団の派遣を容認したのでしょうか。じつは、キリスト教の宣教がカトリック勢力にとって植民地政策の足がかりだったのと同様に、政宗の遣欧使節団にとってはローマ教皇への謁見という宗教色が目立つ行為も、真の目的達成のためのステップだったのです。

その目的とはスペインとの交易を活性化することで、政宗は同じスペイン領であるフィリピンからメキシコに向かう船がそのまま東へ向かわず、いったん日本の東北沖まで北上してから黒潮に乗って太平洋を横断していることに着目し、仙台とメキシコとの間に定期的な貿易航路を設けることを目論んでいました。そして、同じビジョン（ただし、家康は仙台ではなく長崎を交易の拠点として考えていた）を家康も描いていたのです。

伊達政宗と家康が利用しようとした「YTT」の法則

カトリック勢力に乗っ取られ、日本が植民地になることは断固として阻止しなければならない。しかし、スペインとの交易は諦めきれない。それが家康の本心だったはずです。

そこには、単に経済的利益を得るだけでなく、より大きな目的があったと考えられます。信長がポルトガルから輸入した銃器で天下人になった例を挙げましたが、それ以外にも外国からの新たな思想・文化やテクノロジーによって社会に大変革がもたらされたケースは、日本史を俯瞰すれば枚挙に暇《いとま》なしと言えるでしょう。

六世紀に日本に伝わった仏教を巡っては、その信仰を認めるか否かで豪族間の抗争が勃発し、最終的に蘇我氏が物部氏を滅亡させる事態にまで至っています。また、日本を開国から明治維新へと動かした黒船来航（一八五三年）、日本に戦後民主主義をもたらしたマッカーサー元帥率いるＧＨＱによる占領統治（一九四五〜五二年）も同様に、明確に時代を区分する出来事として認められます。

仏教の扱いを巡って殺し合いにまで発展するというのは現代日本人には想像し難い事態ですが、当時の権力者たちがそこまでする理由もＰＲの理論に照らし合わせることで説明できるでしょう。

前著『ブームをつくる／人がみずから動く仕組み』（集英社新書）で、ＰＲの第一歩となるニュースリリースを書く際のコツとして「ＹＴＴ」の法則について詳述しました。これは、どういうものか。ＹＴＴというのは、「Ｙｅｓｔｅｒｄａｙ」「Ｔｏｄａｙ」「Ｔｏｍｏｒｒｏｗ」の頭文字で、時間軸に沿ってＰＲする商品やサービスの価値を表現することの有効性を説いています。

特に、まったく新しい機能を備えたハイテク商品などを発売する際には、その性能を示す科学的数値をひたすら羅列したくなるのが人情ですが、それでは効果的なＰＲは実現しません。

科学的な性能を専門の用語や単位を用いてどれだけ説明しても、それで一般人が「それは凄い！」と納得するでしょうか。それよりも、その商品が登場する以前と以後で生活がどのように変化するかを表現するのです。それによって単なる新商品が、新しい時代をもたらす文明の利器として認知されます。

家康も、スペインとの交易による経済的利益以上に、交易によってもたらされる新たな文化や価値観を、このＹＴＴの法則に沿ってＰＲしようと考えたはずです。だからこそ、禁教令と矛盾することも厭わずサン・ファン・バウティスタ号の建造・渡航に協力した。時代を画す新たな文化・価値観と一体の存在となれば、自分が新たな時代の象徴になれるということです。驚くべき慧眼。

結局、スペインとの交易は実現しませんでしたが同じことを政宗も考え、仙台とメキシコを定期航路で結ぶ壮大な構想を描いていたのです。ふたりは互いの力量を認め合っていたと書きましたが、ふたりとも、あまりにズバ抜けている。家康は次第に、自分よりふた廻り若い政宗を幕府の潜在的脅威と考えるようになっていきます。そして、その警戒心は、家康が権現《ごんげん》として祀られている日光東照宮に隠されています。

日光東照宮は北を護る砦だった

徳川家康は一六〇五年に将軍職を嫡男・秀忠に譲ると、翌年江戸城を出て駿府《すんぷ》城に移りましたが、その後も政治の実権を握り続けました。「江戸には将軍、駿府には大御所」といわれた、いわゆる大御所政治で、前述の禁教令も将軍・秀忠の治世で出された政令ですが、実質的には家康が決断したものと言えます。

また、大坂の陣（一六一四、一五年）でも総大将は征夷大将軍である秀忠が務めましたが、参戦した諸大名は家康の下知《げじ》によって出陣し、家康も戦地に赴いて陣頭指揮を執っています。

しかし、その家康も一六一六年、七三年の生涯を閉じました。死の間際、家康は側近を集めて次のように遺言したといわれています。

「遺体は久能山に葬り、葬儀は増上寺で執りおこない、位牌は大樹寺に納めよ。そして、一周忌が過ぎてから、日光に小さな堂を建てて勧請せよ」

久能山は、家康が幼少期と晩年（大御所時代）を過ごした駿河にあり、家康が埋葬された地には翌年、久能山東照宮が創建されています。また、東京・港区にある増上寺は、現在も徳川家の菩提寺として知られる浄土宗の寺院。大樹寺というのも、家康が生まれた三河・岡崎にあり、父祖・松平家の菩提寺です。

遺言のなかで唯一、日光だけが家康にとって縁のない土地なのです。そのため「なぜ、家康は日光に祀られたのか？」というのは、江戸時代から現在まで多くの歴史家が関心を寄せてきた謎でした。そのため諸説がありますが、いずれを紐解いても晩年の家康が幕府の潜在的脅威と考えていた伊達政宗に対する戦略が浮かび上がってきます。

まず、東照宮が置かれた日光の地は、自然の要害と言ってもいい地形で、江戸の防衛拠点として恰好の場であったこと。日光は、江戸の夜空を見上げれば北極星の位置する方角にありますが、なぜ北を護るのか。言うまでもなく、仙台に居城を構える伊達政宗を考えてのことでしょう。戦国時代に政宗が所領していた陸奥国は、出羽国（現在の山形県・秋田県）を除く東北全域を占めていたのです。つまり、現在の福島県も政宗のテリトリーで、栃木県・日光から帝釈山脈を越えたすぐ先には独眼竜の勢力が迫っていたのです。

もし、政宗が挙兵して江戸を攻めるとしたら、日光こそが徳川幕府を防御する軍事上の拠点にもなると家康が考えた可能性は極めて高いと思います。

日光東照宮に〝伊達もの〟が奉納した南蛮鉄灯籠

また、日光東照宮は「日光の社寺」の中心的存在として一九九九年にユネスコの世界遺産（文化遺産）に登録されましたが、名人・左甚五郎《ひだりじんごろう》の作とされる「眠り猫」が有名です。気持ちよさそうに目を閉じている猫の姿は、泰平の世が続くことを願った家康の心境を表現したものといわれていますが、その表情だけでなく四肢まで見れば、前足を立てて獲物を狙っているようにも見えます。

江戸の泰平を乱す者には容赦なく襲いかかる。そういった意志を示す動作まで仔細に表現しているのは、まさに左甚五郎の職人技ですが、「眠り猫」が配される門の背面には二羽の雀が彫られています。しかも、その二羽は竹やぶのなかにいる。「竹に雀」を自身の家紋のひとつとしていた政宗を意識したものであることは明らかでしょう。そして、それを背に前足を立てて獲物を狙う姿勢の猫がいる。

さらに、日光東照宮の創建に際しては諸大名が灯籠を奉納していますが、この動向は政宗には遅れて伝えられました。慌てて政宗はポルトガルから輸入した鉄で作った「南蛮鉄灯籠」を奉納しますが、なぜ、政宗には大名たちの灯籠奉納の動きがしばらく伝えられずにいたのか。やはり、家康の遺言に込められた政宗牽制の意図が感じられます。

ただし、政宗もさすがで、他の大名たちが伝統的な石の灯籠を奉納するなかで、異彩を放つ鉄製の灯籠を納めたのです。しかも、当時の幕府で年寄職にあり権勢を誇っていた土井利勝に諮って、諸大名よりも遅れて奉納するにもかかわらず目立つ場所をキープしておいたといいます。ポルトガルから輸入した鉄で作った灯籠というのも、かつて政宗が家康とともに追った欧州交易の夢を偲ばせ、エスプリが効いています。

現在でも「伊達もの」という言葉がオシャレ・小粋を意味していることからも示されるように、政宗はエレガントな武将でした。エレガントというのは、単に流行をキャッチアップしているだけの人に向けられる言葉ではなく、むしろ自分で新たなスタイルを開拓する人を評するものでしょう。つまり、伝統的な価値観には反逆的。上流階級の風習や流行に従順なエレガンスなど、あり得ません。

秀吉の朝鮮出兵の際、上洛した政宗の軍勢は大将以下、全員が黒の鎧だったといいます。当時、黒は〝縁起のわるい色〟の最右翼。そして、秀吉といえば「黄金の茶室」に代表されるようにゴールド系がお好き。そんななかで、黒揃えの軍勢を率いて秀吉の前に現れたのですから、やはりエレガントと言うほかはありません。そして、江戸時代以降、武士たちの間で黒揃えの武具を備えることは一種のトレンドにもなっていったのです。

政宗も、家康に匹敵するほどの自己ＰＲの達人だったということでしょう。しかし、だからこそ、ふたりの関係は微妙なものとなっていったのです。

大権現として神となった家康のブランディング

また、死後において自分を特別な存在に祀り上げるというブランディングの点でも、日光東照宮の創建は大きな意味を持っていました。

まず、日光山は奈良時代後期に勝道上人が開いたとされ、関東武士たちの尊崇を集めた山岳信仰の霊場でした。その後、戦国時代末期には衰退してしまったものの、鎌倉幕府を開いた源頼朝も寄進をしています。家康は、この頼朝を尊敬していた。そして、なにより源氏の末裔を名乗って関ヶ原の戦いでは東軍をまとめ上げて天下統一を成し遂げたのです。

じつは家康は、一五六七年に朝廷の許可を得て松平から徳川に改姓して従五位下三河守に叙任された際には「系図発見」を理由に藤原氏の末裔であると名乗っています。これは、従五位下という官位を得るためには藤原一門であったほうが好都合だったからといわれていますが、もともと松平家は源氏の末裔を名乗っていました。

そして、関ヶ原の戦いに臨んで東軍の武将たちを束ねる際には、再び源氏を名乗る。このあたりも家康流の自己ＰＲの抜け目なさと言えますが、関ヶ原の戦いの勝利によって江戸幕府を開いた身としては、死後も源氏の一員であり続けることが必要でした。現在、日光東照宮に納められている口宣案《くぜんあん》（天皇が口頭で伝えた勅旨の記録）などの文書には、すべて「源家康」の名が記されています。

そして、日光東照宮が果たしたブランディング上のさらに大きな役割は、死後の家康を神の座に祀り上げたことです。家康の死の一年後、一六一七年に日光東照宮が創建されると、人々は家康を「権現様」と呼ぶようになります。権現とは、仏教における仏や菩薩が日本の神々の姿で現れたとする神号。つまり、家康は日光東照宮において神、しかも日本の仏教界にも権威を持つ神として祀られたのです。

神になることが、そんなに重要か。わたしのような現代の庶民には想像もつきませんが、次のエピソードは家康が、死後に神となることを政権安泰のための極めて大きな条件と考えていたことを示すでしょう。

家康の前任・天下人であった豊臣秀吉も死後、一五九九年に京都・東山に創建された豊国神社《とよくにじんじゃ》に祀られ、神となっていました。しかし一六一五年、大坂夏の陣によって豊臣家が滅亡すると、その直後、家康は後水尾天皇の勅許を得て豊国神社を廃絶したのです（のちに明治天皇の勅命により再建）。

家康にとっては、東海道五十七次を五十三次にして、五条大橋を通っていたルートを刑場近くの三条大橋に曲げてまで人々の脳裡から消し去ろうとした秀吉です。また、旧体制を象徴する存在が、神となって豊国神社とともに存続することは、新体制を揺るがす勢力が再結集する事態も招きかねません。家康は、一時代を築いた武将が神となって神社に祀られることの意味を熟知していたのです。

ちなみに、秀吉は豊国神社に大明神として祀られています。明神というのは、権現が神仏習合の風土で仏教との接点を強調する神号であるのに対し、それに対抗して一大勢力となった一派（吉田神道）が秀吉のために授けた神号。この吉田神道が当時の神道界では権威を誇っていたのですが、徳川幕府は家康を神として祀る際に敢えて権現を選択しました。

当然、そこには秀吉との差別化を図って家康ブランドを確立するというPR戦略がありましたが、予想を超える波及効果も生んでいます。すでに安定期に入ろうとしていた徳川政権への忠誠を誓う意味で、幕府から寺領を知行されている有力寺院も境内に分社である「東照社」「権現社」を創建し、その流れが全国に拡がっていったのです。これによって、幕府の地盤はますます盤石のものとなったと言えるでしょう。

そして、もうひとつ。神になるということは、当時の日本において天子と考えられていた天皇にも比肩し得る位置に就くということです。

家康は、日本の歴史上、つねに政変の際には朝廷による既存政権への追討の官宣旨が引き金となっていたことを知っていました。つまり、家康は自身を日光東照宮の祭神として祀らせることによって、仮に天皇を神輿に担いで幕府に反旗を翻す者がいたとしても、徳川将軍家も同様に神を戴いて応戦・鎮圧できるという理論武装を固めたことになります。

ここまで、ＰＲの視点で徳川家康の足跡を追ってきましたが、日光東照宮の創建、そこで大権現として祀られたことによって家康の自己ＰＲとブランディングは完結したと言えるでしょう。逆に言えば、彼にできたことはそこまででしたが、偉大な足跡です。そして、徳川将軍家は第一五代・慶喜《よしのぶ》が大政奉還をするまで、二六五年にわたって政権を維持したのです。

家康の再来

徳川慶喜（一八三七～一九一三年）の名は、学校で歴史を習う際にも、つねに大政奉還（一八六七年）とセットで登場します。

つまり、第一五代にして最後の将軍であり、無血開城という形で徳川将軍家の居城であった江戸城を明け渡した人物。また、明治維新後の体制を巡る諸侯間の意見の対立から勃発した戊辰戦争（一八六八～六九年）では、自らは戦うことを避けて京都・二条城から大坂城に退却。これは、武士ならばもっとも恥ずべき敵前逃亡とも取れる行為です。

では、慶喜は単なる腰抜け、無能の将軍だったのか。わたしは、そうは思いません。むしろ、まったく逆の見方で、徳川家歴代の将軍のなかでも家康に比肩し得るPR手腕の持ち主は慶喜だけだと考えています。

幕末の志士で、のちに木戸孝允《きどたかよし》と改名して明治政府でも文部大臣・内務大臣などの要職を歴任した桂小五郎は、一八六二年に将軍後見職に就いた慶喜を次のように評しています。

「慶喜の胆略は侮れない。家康の再来を見るようだ」

事実、将軍後見職に就いて以降、倒幕勢力が台頭し、一八五四年の開国によって米・英・仏などの列強諸国とは不平等条約を結ぶに至り、また、それによって国内で攘夷論が沸騰する難局にあって、慶喜は卓越した政治手腕を発揮していきます。

まず、朝廷は幕府に攘夷の実行を求めていましたが、それは慶喜の本意ではありませんでした。そこで、第一四代・家茂《いえもち》が将軍として二三〇年ぶりに上洛した際には、孝明天皇に拝謁して節刀を拝受してしまえば攘夷実行の要求を拒めなくなると考え、将軍に仮病を使わせて拝謁を急遽取りやめにしています。

さらに、薩摩が陰で朝廷への影響力を強めていると見て取れば、中川宮朝彦親王らとの酒席で泥酔したふりをして、中川宮に「薩摩から、いくらもらっているんだ?」などと暴言を吐いて朝廷と薩摩の関係に亀裂を生じさせる動きも見せています。

一八六四年には将軍後見職を辞して禁裏守衛総督に就任し、江戸を離れて京都の二条城を居城としました。その直後に起きたのが、禁門の変です。

これは、前年の文久の政変（八月一八日の政変）によって京都を追放されていた長州勢が武装して来襲し、京都市中で市街戦を繰り拡げたものですが、このとき、慶喜は御所守備軍として敢然と戦っています。しかも、馬にも乗らずに敵と斬り結んだ。これは、歴代の徳川家将軍のなかでも慶喜が頭抜けて勇敢だったことを示すエピソードでしょう。

まったく、腰抜けどころではありません。剛と柔の顔を巧みに使い分ける、真の政治家と言えるでしょう。では、その慶喜がなぜ、戊辰戦争では戦わずして大坂城に退却したのでしょうか。

徳川慶喜が示した「自虐PR」とは？

慶喜が徳川家最後の将軍となるのは一八六六年のことですが、その際も、一度は将軍就任の要請を固辞しています。また、将軍後見職に就く以前には実父・徳川斉昭《なりあき》に次の旨の書状も送っています。

「骨が折れるので将軍に成って失敗するより最初から将軍に成らない方が大いに良い」

幼少時から頭脳明晰で知られた慶喜は、幕末期の社会情勢を冷静に分析していて、父祖・徳川家康が築き二六五年にわたって維持されてきた体制も終焉のときを迎えつつあることを見抜いていたのでしょう。そして、欧米列強との困難な折衝に直面する状況で、なにが日本にとって必要不可欠なことなのかも、わかっていました。

それは、徳川将軍家を維持することではなく、日本の未来のための新たな政権へのスムーズな移行。なによりも避けなければならないのは日本に「政治の空白」を作ってしまうことだと、慶喜は考えていたのです。

そのために、長期的な内戦に発展する危険性を秘めた戊辰戦争では、発足したばかりの明治政府に対して抜刀した旧幕府軍の旗印である自分が戦うことなく退却することで、内戦の迅速な収束を図ったのです。桂小五郎が「家康の再来」と評した慶喜ですが、このときに見せた態度は父祖・家康が展開してきた自己PR・ブランディングとは一八〇度逆のものでした。しかし、徳川幕府の始点と終点にあって、ふたりが展開した戦略は、わたしには同じ一枚の絵のポジとネガのように思えるのです。

わたしは、慶喜が戊辰戦争に際して見せた戦略を、「自虐PR」と呼びたいと思います。

自虐PRは、わたしが香川県を「うどん県」としてPRすることに成功して以降、地方自治体の間でブームとなった手法です。香川県が自称する「うどん県」は、その言葉の背後を敢えて言い表せば「どうせ、うどんしかない県だから」ということです。そして、この「どうせ」は、多くの自治体やそこで生活する県民が思い込んでいる「どうせ、東京がいちばんでしょう」という価値観を逆手に取ったものです。

どうせ、うどんしかない。しかし、その文脈のなかで「東京では味わえないうどんがある」というPRにつながっていくのです。言うまでもなく、食べもののPRでは「おいしいうどんがあります」というのは誰もが考える、ありきたりの宣伝文句です。そう言われたところで「なるほど、では食べに行こう」と腰を上げる人など誰もいないと言っていいでしょう。

慶喜も、戊辰戦争に際して「欧米列強につけ入る隙を与えるだけだから、内戦はやめましょう」などという、ありきたりのことは言わなかった。その代わりに「〝どうせ〟ダメな将軍ですから」という態度を示して、大坂城に退却したのです。この「どうせ」がなければ、内戦は長引き、ヘタをすれば日本が欧米列強の植民地になっていた可能性も否定できません。

その後、慶喜は明治政府から公爵という最高の爵位を贈られ、趣味の写真を楽しみながら静岡で〝余生〟を過ごしました。そう、家康もまた将軍職を辞したのちの居城とした駿府城のある駿河は、廃藩置県で静岡県となっていたのです。ただし、家康は駿府で大御所政治を展開しましたが、慶喜は貴族院議員となったものの明治新政府から政権を奪還しようなどという野心は持ちませんでした。

慶喜以前、徳川家歴代の将軍で最長寿は家康の七三歳でしたが、「もっとも長生きした将軍」となって慶喜が七六年の生涯を閉じるのは明治の時代を最後まで見届けてからのことです。

■第一章〈I〉まとめ
《家康流PRのココが凄い！》

ここで、徳川家康が実践したPRを復習しておきましょう。

まず、すべてのPRにとって第一歩となる「ステークホルダー（自分を取り巻く人間関係）の見える化」を緻密におこないました。そして、その上で政略結婚を駆使しながら各地の武将たちと同盟関係を結んでいったのです。三河国という弱小藩の大名に過ぎなかった家康が天下統一を果たすことができたのは、野望を実現するための環境を地道に整備していったからだと言えます。

じつは、家康自身も幼い頃から武将間の同盟関係に翻弄されて育っています。まず、三歳のときに生母と生き別れになりました。家康の母・於大は水野忠政という武将の娘でしたが、忠政のあとを継いだ於大の兄・信元が織田信秀（信長の父）と同盟関係を結んだために、織田氏と敵対する駿河国の今川氏の庇護を受けていた家康の父・松平広忠は忠誠を示すために於大を離縁したのです。

そして、数え六歳のときには、やはり今川氏への忠誠を示す目的で、人質として駿府城に送られることになります。しかし、その護送の途中で立ち寄った義母（広忠の側室）の生家である田原城で城主・戸田康光の裏切りに遭って信秀のもとへと送られてしまいます。これは、同盟関係の担保ではなく、本当の人質と言うべきでしょう。

この二年後、織田信広との人質交換が成立したのちも家康は三河国・岡崎城へは返してもらえず、今川氏の駿府城に送られます。そして、ここで元服し、今川家の家臣・関口親永の娘・瀬名（築山殿）を妻に迎えますが、この夫婦関係にも過酷な運命が待っていました。

築山殿が産んだ家康の嫡男・松平信康は、今川氏の滅亡後に同盟を結んだ織田信長の長女・徳姫と結婚しますが、この徳姫が築山殿に関する密通と謀反の訴状を実父・信長に送り、信長が家康に命じて築山殿を斬首させたのです。また、家康の嫡男であった信康も切腹させられています。

歴史には諸説があるのが当然で、徳姫が信長に送った訴状の内容に関しても疑問が持たれています。もしかすると、よくある嫁と姑の確執がエスカレートしてしまった可能性もあるでしょう。いずれにせよ、幼い頃に生母と生き別れ、人質として成長した家康は、それも戦国の世で生き残るためとはいえ、嫡男と妻を死なせる運命まで背負い込むこととなったのです。

このような環境で育った人間が、自身を取り巻く人間関係を冷静に分析するようになるのは、めずらしいことではありません。じつは、わたしにも小学生時代に母親が家出し、学校でイジメに遭った経験があります。前著『ブームをつくる／人がみずから動く仕組み』でも書いたことですが、このときの経験がわたしに人間関係の見える化の重要性、それが自分の身を助けるPR術の第一歩になることを教えてくれたのです。

当時、わたしは自分の置かれた環境を漠然と捉え、「こんな世のなかなら、生きていたくない」とまで考えていました。しかし、やさしく親身に接してくれた近所の商店のオバチャンが「イジメっ子ばかりだ」と考えていたわたしに見える化のヒントを授けてくれたのです。

自分の環境を漠然と全体像で捉えてはいけない。わたしに辛く当たるイジメっ子も多いけど、親切にしてくれる人もいるんだということを教えてくれました。PRというのは、突き詰めて言ってしまえば、自分の味方を見つけ出してコミュニケーションを図り、未来に向けたネットワークを築いていくことなのです。

また、家康の実践したＰＲとしては東海道五十三次の整備、日光東照宮の創建などで見せたブランディングも注目に値します。ブランディングについては、次節のⅡで現代のビジネスへの活用法を詳述したいと思います。

Ⅱ　徳川家康のＰＲ戦略を現代に活かす

生き残るためのＰＲ

幼い頃から過酷な運命を背負って戦国の世を生きてきた徳川家康にとって、緻密な「人間関係の見える化」を第一歩とするＰＲ戦略は、まさに生き残るための術でした。

また、本書の冒頭で紹介したカミソリ後藤田こと後藤田正晴さんは旧内務省に入省後、戦局が激しさを増すなかで陸軍に徴兵され、主計将校として台湾での任務に就いていました。その当時、何度も死線を潜《くぐ》りながら、死ぬ者と生き残る者を分けるのはなにかと考えるようになります。同じ隊列にいても、ある隊員には死が、べつの隊員には生が振り分けられるのですから、どうしても運命の存在を感じないわけにはいかない。しかし、それだけではないと彼は考えました。

もし、生死の境を運命論だけで片づけてしまえば、自分もいつかは死の側に入ってしまうだろう。人間と人間が科学の力まで総動員して殺し合う戦争という状況では、自分だけが死なずに生還するなどということは夢にも考えられない。しかし、それでも死の確率を低くするために、できることがあるはずだ。それは、情報を集め、自分の置かれている状況を可能なかぎり緻密に見える化することだったのです。

沖縄本島に米軍が上陸する直前の一九四五年三月、東京の陸軍省で各派遣軍の経理部長を集めた会議が開かれることになり、カミソリ後藤田も台湾に駐留する第一〇方面軍経理部長の随行として東京への出張を命じられます。軍用機での出張でしたが、当時、すでに沖縄上空の制空権は完全に米軍に握られていました。生きて還れないどころか、東京に着くまえに撃墜される可能性も極めて高い「死の出張」です。

しかし、彼は諦めず、死の確率を下げるための行動に出ます。まず、自分を取り巻く人間関係の見える化です。当時の軍部は、一般国民に対しては戦局の悪化を伏せていましたが、カミソリ後藤田は司令部の「戦闘詳報」を見ることができました。それを読むと、沖縄では米軍のP38戦闘機による空襲が連日、繰り返されていて、その上空を飛べば「飛んで火に入る夏の虫」となることが改めて確認できました。そこで、彼は航空班の少佐にかけ合って飛行コースの変更を求めます。

「沖縄上空を避け、いったん中国大陸に向かって沿岸部を北上するコースに変更してほしい」

担当の少佐は「飛行コースはすでに決定済みで変更はできない」と突っぱねましたが、諦めずに粘ります。すると、最後には少佐が根負けした恰好で、東京で彼の望む品を買ってくることを交換条件に、交渉が成立したのです。おそらく、この少佐が融通の利かない堅物ではなく交渉の余地があることも、カミソリ後藤田は事前に見える化していた可能性が高いと思います。

結果、彼を乗せた飛行機は無事、東京に到着。そして、ほぼ同時刻に台湾を発って東京に向かったべつの飛行機は、沖縄上空を通過するコースで飛んだために撃墜されたことを知らされたのです。それを彼に告げた陸軍省の将校は、さらにこう言いました。

「おまえの飛行機も撃墜されたはずだというので、戦死扱いになっているぞ。運がよか

った な」

もちろん、運ではありません。逆に、運に身を任せていたら、死んでいたのです。自分を取り巻く状況を見える化して、死の確率を下げる努力があったからこそ、カミソリ後藤田は生き残ったのです。

そして、九死に一生を得たこの経験は、彼に大きな教訓を残します。戦後、日本全国の郷土史を頭に叩き込んで、緻密な見える化を図ることで官僚として、また政治家として、地域間の利害調整に卓越した手腕を発揮したのです。

いま、「地方創生」が叫ばれていますが、裏を返せば、それだけ地方の経済が疲弊しているということでしょう。中小企業も、輸出産業に関わる大企業を優遇する政策の陰で苦しい状況に置かれています。でも、諦めるまえに、できることがある。やるべきことが、あるのです。それは徳川家康のような歴史上の偉人たちや、カミソリ後藤田が実践した通り。まずは、環境の見える化です。

そして、それを効果的なＰＲへとつなげるヒントが、各地の郷土史に眠っています。

「見える化」戦略をさらに徹底

たとえば、こういう経験はありませんか？

Aという企業に自社の製品を売り込みに行ったところ、先方の部長さんが強い興味を示してくれました。心強い味方を得たことで、あなたの営業活動はトントン拍子で進み、大口の契約を結ぶ寸前のところまで来ました。あとは、役員会議で承認してもらうだけです。しかし、役員会議の結果は、あえなく却下。好感触を得ていただけに落胆も大きく、肩を落として社に戻ると、以前にA社を担当していた先輩からこう言われました。

「あの部長は、たしかに有能。しかし、役員会で多数派を占めている専務と犬猿の仲なんだよ。部長の上げてくる新企画は、まず役員会議で潰される。残念だけど、筋を間違えたな」

どこにでもある話でしょう。どんな組織も、結局は人間と人間の関係で成り立っているのです。しかし、こういった残念な結果を招かないために、ＰＲの視点からできることがあります。そう、人間関係の見える化です。自分がアプローチする取り引き相手の内部の人間関係や、組織を構成している個々人の性向などに関する情報を可能なかぎり入手して、自分のなかで相手を見える化しておくのです。

そして、こういったアプローチの有効性は、会社組織が対象の場合にかぎった話ではありません。たとえば、あなたが新しい土地に赴任したり、新たな地域を担当することになった場合も例外ではないのです。人間関係の見える化は、自分がアプローチする対象を漠然と捉えるのではなく、その対象を構成している単位を個別に分析することですが、たとえば○○県や××市といった行政区分も単純にひとつのものとして考えてはいけません。

現在の愛知県は、江戸時代の行政区分で言えば、名古屋市を中心とした尾張国と、東部の三河国というふたつの地域が合併する形で生まれた県です。両地域の間には、現在も方言の違い以外にも幕藩体制（古い枠組み）の名残が確認できます。

旧三河国の人たちがプライドの拠りどころとしているのは、同地に生まれて岡崎城の城主でもあった徳川家康です。そのため「戦国時代の日本を動かした震源地」という自負を三河の人たちは持っています。いっぽう、尾張は織田信長、豊臣秀吉を輩出した土地で、江戸時代には御三家のひとつ。そして現在も尾張の中心・名古屋は愛知県の県庁所在地で、自分たちは経済・文化の両面で三河よりも優れているという自尊心を漂わせています。

商談の相手が愛知県出身だとしても、はたして尾張なのか三河なのかで話の受け取り方が変わるのです。そして、こういった事情は、ほぼすべての都道府県に共通と言っていいでしょう。また、それは国家の枠組みについても言えることです。

コラム 歴史は今も生きている

広島県三原《みはら》市で講演したときの話です。

「三原市の魅力発掘とブランド戦略」というテーマで基調講演を行った後、地元の方々と今後の魅力発信計画を話し合う予定でした。

こういった場合、事前に三原市の魅力を調べておかなければ話になりません。そこで、わたしはさっそく三原市のパンフレットや公式サイトから「これは」と惹きつけられる魅力を探しました。

するとすぐに、三原市は〝絶景が多い街〟であることがわかりました。瀬戸内海で最も美しい景色が見渡せる「筆影《ふでかげ》山展望台」も三原市にあって、「海霧《うみぎり》」が発生すると、この世とは思えないほどの幻想的な景色が望めます。

しかし、こうした素晴らしい場所が三原市にあることはほとんど知られていないため、まずは〝絶景の街〟であることを積極的にＰＲすることが必要だとわたしは考えました。

昨今、観光施策に必須のインバウンド対策から考えても、美しい景色のＰＲはとても有効だからです。

ところが、その話を地元の人たちに伝えても、ほとんど反応が得られませんでした。それどころか「三原市の魅力といえば三原城跡」「三原城しかない」と主張して譲らないのです。

たしかに「三原城跡」は山陽新幹線「三原駅」の駅前という目立つ場所にありますが、歴史的に貴重な城が残っているわけではなく、一見しただけでは、ただの駅前広場にしか見えません。

そこでわたしは率直に、なぜ三原城跡をそんなにも推すのか、理由を尋ねました。すると意外な言葉がかえってきたのです。

「小早川隆景の城だからです」

「え？　小早川隆景？」

このとき、私は恥ずかしながら小早川隆景という武将を知りませんでした。すると場の雰囲気が一変したのです。

「殿村さんは、小早川隆景を知らないのですか？」

「はぁ……関ヶ原の戦いで西軍を裏切った小早川秀秋の親族ですか？」

「……」

このあと、しばらく沈黙が続き、そのまま会は解散になってしまいました。

わたしは茫然としてしまいました。戦国時代の武将である小早川隆景が、今を生きる三原の人々になぜこれほど影響力を持つのか、まったく理解できませんでした。

仕方なくとぼとぼ帰ろうとすると、気の毒に思ってくれたのか、主催者の一人が声をかけてくれました。

「三原市に来ていただく前に、小早川隆景についてお話ししておいた方が良かったですね」

「なぜですか？」

「だって毛利元就の三男で、あの〝三本の矢〟の一本ですよ。三原の誇りです」

戦国武将の毛利元就が三人の息子たち（隆元・元春・隆景）に説いた「三本の矢」の逸話はあまりにも有名です。一本の矢は容易に折れるが、三本まとめると折れにくいことから、三人が協力しあって毛利家を守るように説いた教えです。

小早川隆景は「三本の矢」の一本で、後に小早川家の養子となったことで姓は変わりましたが、生涯「三本の矢」の教えを守って毛利家を支えたそうです。「毛利水軍」の要として戦っただけでなく、元就がこの世を去った後も織田信長の西への侵略を食い止め、その後、豊臣秀吉の五大老の一人として活躍しました。

つまり、小早川隆景は、戦国時代に中国地方を守ったヒーローであり、四百年以上たった今も、彼の偉業は三原市の誇りとして人々の心に息づいているのです。

第二章　腕利きロビィストとしての武将・北政所

Ⅰ　北政所から学ぶPR術

なぜ、豊臣秀吉は征夷大将軍ではなく関白太政大臣だったのか？

北政所というのは、摂政・関白の正室に与えられる称号で、たとえば平清盛（一一一八〜八一年）の三女で藤原基実の正室となった盛子、六女で近衛基通の正室となった完子なども北政所ということになります。しかし、今日では、北政所といえば豊臣秀吉の正室・ねね（のちの高台院）を指すのが通例となっています。

尾張の百姓の子として生まれた秀吉が、最初は軽輩の足軽として信長に仕え、同僚たちとの出世競争で勝利しながら戦国の世で頭角を現して関白・太政大臣にまで昇りつめることができた背景に、北政所のロビィ活動があったと、わたしは確信しています。この章では、そのロビィ活動を詳細に振り返りながら、北政所のＰＲ戦略を読み解いていきたいと思います。が、その前に。そもそも秀吉は、なぜ征夷大将軍ではなかったのか。まずは、その謎に迫りたいと思います。

本来、関白というのは公家のなかでも最高の権威を誇る五摂家（近衛家・九条家・二条家・一条家・鷹司《たかつかさ》家）に与えられる官職の最高位。秀吉は初代・武家関白ということになります。そして、武士でありながら関白の位に就いたのは、日本の歴史を通じても秀吉と、その養子で一時は後継者と目されていた秀次だけです。

朝廷が政権を任せる武士に与える称号としては征夷大将軍が一般的と言うより定番で、秀吉以前に鎌倉幕府を築いた源頼朝も、室町幕府を開いた足利尊氏も征夷大将軍。そして、豊臣家を打倒した徳川家康も征夷大将軍に就いています。とすれば、信長を暗殺した明智光秀を征伐して天下人となった秀吉も、能力・実績の点では征夷大将軍に叙任されていてもいいはずでした。

それなのに、いったいなぜ、関白の位にこだわったのでしょうか。

ことの発端は、織田信長（一五三四〜八二年）です。一五七五年、信長は右近衛大将に就きます（権大納言を兼任）。これによって信長は、朝廷からも天下人であることを認められたことになります。その後、翌七六年には右近衛大将を兼任しながら正三位内大臣に、七七年に従二位右大臣、さらに七八年には正二位へと信長は官位の階段を昇り続けました。が、正二位に叙任された直後、突如として右近衛大将を辞任。以後、正二位の位階は持つものの官職には就かないまま過ごします。

しかし、室町幕府は一五七三年に信長によって滅亡しており、信長は自他ともに認める天下人。それなのに官職を持たないのであれば、それを授ける自分たちの権威に傷がつくと考えた朝廷は一五八一年、左大臣に就くよう求めたものの信長は「正親町《おおぎまち》天皇が譲位されたのちにお受けしたい」と応えて固辞。

そこで、翌一五八二年には「太政大臣・関白・征夷大将軍の内から好きな官職を選んで就くように」という提案をします。しかし、その直後、信長はいずれの官職にも就く間もなく、本能寺の変によって暗殺されてしまったのです。

本能寺の変で信長を暗殺した明智光秀を征伐したのが、秀吉でした。

朝廷はまず、一五八五年に秀吉を内大臣に叙任しますが、当時の日本における彼の存在感や力量を考えれば、それでは不足です。

そこで、間を置かず朝廷は右大臣の座を打診しますが、自分が信長の成し遂げた天下統一を引き継いだことを自任する秀吉は、信長と同様に太政大臣・関白・征夷大将軍の官職を選ぶ権利を要求します。しかし、征夷大将軍の職は家柄が要求されるため、飛ぶ鳥を落とす勢いの秀吉も百姓出身の壁を越えられずに関白に就任。さらに翌一五八六年からは太政大臣も兼任することとなり、豊臣姓もこのときに朝廷から授かっています。

武家と公家の政略結婚

百姓の子として生まれた秀吉は、自身の肩書きに強い執着心を持っていたといわれます。前述の通り、出自が理由で征夷大将軍には就けませんでしたが、そこでも「なんとかして」という働きかけをおこなった痕跡を確認できます。

信長の死後、秀吉の天下となると足利義昭は将軍職を辞して室町幕府は途絶えますが、退位した義昭に秀吉が自分を養子にしてくれと懇願したという俗説もあるのです。天下人が、自分が辞任に追い込んだ前将軍に養子にしてくれと頼むのは常識的には考えられないこと。しかし、官職・肩書きに対してコンプレックスにも近い執着を持っていたのは間違いありません。

また、初代・武家関白となった秀吉ですが、秀吉が関白に就いたことで官職から溢れる公家が出ることを考えれば、相当な無理をしなければ実現できなかったはずです。そこで秀吉が仕組んだのは、菊亭晴季という公家の息女・一の台を秀次の正室に迎えるという政略結婚でした。その後、同盟関係を結んだ菊亭晴季が朝廷内で秀吉の関白就任のための工作をおこない、いっぽうの晴季は天下人の威光をバックに右大臣にまで昇り詰めたのです。

武将同士の政略結婚を駆使して天下を統一しても、肩書きコンプレックスは鎮まることはなく、ついには公家との政略結婚まで実行して関白・太政大臣の官職を手に入れた秀吉。また、太政大臣就任の際には、これも晴季の斡旋により、秀吉は誠仁親王の第六皇子・智仁親王を猶子（相続権のない養子）にしています。

関白の役職は、その後、秀次が継ぎますが、この背景にも晴季の暗躍があったことは間違いありません（本来はこの官職を務めるはずの公家が引き続き溢れるのです）。しかし、秀次が謀反の疑いで切腹させられると、その正室である一の台も処刑。晴季も越後国に流罪となります（秀吉の死後、家康によって朝廷に復帰）。そして、ここまでしてもなお、秀吉の心の隙間は埋まりませんでした。

有名な聚楽第《じゅらくだい》。あの金ピカ、バブリーな御殿を京都御所の間近に建てたのは、そのコンプレックスの表れだったのでしょう。「コンプレックス商法」という言葉があります。おカネがいくらあっても決して埋めることのできない心の隙間が人間にはあるということ、そして、埋まらないことを承知で人間は、コンプレックスのために高額の出費も厭わないものなのかもしれません。

しかし、そのコンプレックスを忘れさせてくれる、あるいは解き放ってくれる存在があれば、人はコンプレックス商法の商品に対するよりも大きな代価を払うに違いありません。

そんな存在が、北政所でした。聚楽第を建てて、朝廷や天皇に「俺のほうが偉い！」とコンプレックスを炸裂させていた秀吉も、終生、ねねには頭が上がらなかったのです。

良妻、賢母、そして知謀に長けた女性

ねねは、信長に仕えた足軽・杉原定利の娘として生まれ、のちに同じく信長の家臣である浅野長勝の養女となっています。つまり、足軽とはいえ武家の家に生まれた女性で、百姓の子である秀吉とは、当時の社会通念に従えば家格の点でつり合いの取れない結婚でした。また、その時代にはめずらしい恋愛結婚でしたが、彼女の実母は当然のように秀吉との結婚に猛反対しています。

実母以外にも、ねねの周囲には反対の声が多かったといいますが、そこで説得のために奔走したのが、当時の秀吉の同僚、そして秀吉が天下人となって以降も五大老として彼を支えた前田利家だったといわれます。

ふたりの婚礼は、茅葺きの裏長屋の土間に藁と薄縁《うすべり》を敷いておこなわれたといいます。極めて質素な結婚式です。また、ふたりの間には子どもがいなかったので、親類縁者や有力武将の子どもたちを養子にもらい、育てました。その数は、男子だけでも七人。まず、実子・秀頼が生まれるまで秀吉の後継者と目され、二代目・武家関白にも就いた秀

次は、秀吉の実姉の子。秀勝（小吉）も実姉の子です。

そして、関ヶ原の戦いで東軍に寝返る小早川秀秋は、ねねの実兄である木下家定の五男として生まれ、秀吉の養子となっています。この秀秋との経緯は、後述します。

秀吉は織田信長に仕え、順調に出世の階段を昇っていきました。また、一五七三年に秀吉が近江国長浜・一二万石の主となると、ねねは秀吉の生母・なかとともに呼び寄せられ、遠征で城を空けることの多い夫に代わって領地や城内を差配。実質的な城主代行と言える働きをしていました。

たくさんの養子（女子も五人いました）を育てながら、姑の面倒も見て、さらに留守がちな夫に代わって事業も切り盛り。しかし、その夫は、希代の女好きで知られる人物……。現代の女性ならばキレていても、おかしくないかもしれません。しかし、その点では、ねねは賢く有能で、献身的でした。そして、秀吉が関白の座に就き、彼女が北政所の称号を得ると、そういった資質に加えて類い稀な知略の能力も発揮していったのです。

わたしは、北政所はロビィ活動の達人であったと考えています。

ロビィ活動、ロビィストという単語は、最近ではニュースなどでも耳にする機会が多いと思いますが、じつはPR業界の用語です。

たとえば、二〇二〇年の東京五輪招致がIOC総会で決まったときには「チーム・ジャパンのロビィ活動が実を結んだ」という言い方もされましたが、これは「五輪を開催するなら東京が最適ですよ」という権力者に対するPRが成功したという意味。目的を果たすために、その決定権を持つ有力者に対して自分のPR対象の価値を理解させ、事案を有利に取り計らってもらえるよう働きかけるコミュニケーションがロビィ活動です。

権力よりも人脈・コミュニケーション能力が必要とされるロビィ活動

では、ロビィ活動の際に必要となる能力、それを実行するロビィストに求められる資質とは、どのようなものでしょう。権力ではありません。もし、自分に権力があれば、ロビィ活動を展開する必要もなく、自分の望む形でPRを成功させてプレゼンテーションを現実のものとできるからです。

ロビィ活動は、決定権を持たない者が知略を尽くして自分のプランを実現していくための手法。その意味で、ＰＲの領域なのです。

二〇世紀初頭から活躍したイギリスの作家Ｅ・Ｍ・フォースターの代表作『ハワーズ・エンド』（一九一〇年）が書かれた当時、イギリスでもまだ女性の参政権は認められていませんでした（一九一八年に三〇歳以上で世帯主、または世帯主の妻となっている女性に参政権が認められ、二八年に男性と同じ普通選挙権が認められた）。しかし、この小説に登場する女性は、次のように述べています。

「自分の夫に自分の考えどおりに投票させることができない女なんてお話になりませんよ」（吉田健一訳）

そして、これを聞いた主人公は、女性の内に権利よりも勢力を求める傾向があることを理解する。もちろん、今日の常識で考えれば、女性の参政権がなくていいわけはありません。しかし「権利よりも勢力」というのはロビィストに求められる資質を言い当てているし、実際に「自分の夫に、自分が良いと思う政治家に投票させる」ということはロビィ活動の成果以外のなにものでもありません。

そして、二〇世紀初頭のイギリスよりもさらに女性の地位が低かった戦国時代の日本で、ロビィ活動を通じて夫・秀吉の政権運営をサポートした北政所は、持ち前のコミュニケーション能力で人脈を拡大させながら「権力よりも勢力」を地でいく女性だったのです。

実際に、北政所のロビィ活動がどのようなものだったか。記録に残されている彼女の数々のエピソードをＰＲの視点で振り返ってみましょう。

大出世で生じるリスクを、笑い話で回避

まずは、ねねがまだ若い頃、織田信長に対しておこなった有名なアプローチに注目したいと思います。前述した近江国長浜・一二万石の主となり、秀吉がはじめて城持ち大名に出世した頃のこと。なんと、信長に「夫の〝浮気〟をなんとかしてくれ」と直訴したのです。

しかし、当時の武将が側室を持つのは当たり前で、本来ならば、いまさら騒ぐ必要の

ないことに思えます。そして、直訴した相手は、あの天下人・信長です。ねねの真意はどこにあったのでしょうか。

普通ならば理解に苦しむ突飛な行動ですが、PRの視点で当時の秀吉の状況を読み解くと、ねねの狙いが見えてきます。

その狙いを読み解くために、百姓の家に生まれ、質素な婚礼でねねを迎えた秀吉が城持ち大名に出世するまでの活躍がいかに凄いものだったか、まず確認しておく必要があります。

一五六九年、信長は毛利元就の要請に応じて但馬国（現在の兵庫県北部）に出兵。秀吉はこの遠征軍の大将を務め、元就に敵対していた尼子氏を攻めて、わずか一〇日間で一八城を落城させるという鬼神の働きを見せました。

翌一五七〇年には、越前国・朝倉義景の征伐に従軍。このとき、進軍中に、信長の妹・お市の方を妻とし、同盟関係にあったはずの浅井長政が裏切り、背後から織田軍を急襲するという事態が起きます。前を朝倉、後ろを浅井に挟まれ、織田軍は絶体絶命の危機に直面しますが、このときも殿《しんがり》を務めた秀吉の活躍で窮地を脱出。これらの功績が認められ、近江国長浜の城主となったのです。

いかに実力本位の戦国時代とはいえ、もとは百姓であった者が城主にまで大出世を果たせば、周囲の嫉妬は避けられません。そして、この状況は少なくとも、ふたつのリスクを秀吉にもたらします。

まず、信長が秀吉に対して疑心暗鬼になりかねないこと。信長が、自分の妹を嫁がせた長政に裏切られたことを、どれほど重く受け止めたかは、わかりません。第一章で述べた通り、忠義を絶対とする「武士道」が確立されるのは江戸時代に入ってからで、戦国の世では裏切りも武将が生き残るためのひとつの道だったのです。しかし、ならば「長政が裏切ったのなら、もしや秀吉も……」と信長が考えたとしても不思議はないでしょう。

誰も信じられない。それが、戦国時代を生きた武将たちの偽らざる胸の内だったに違いありません。

そして、ふたつめのリスクは、先ほども挙げた信長の家臣である同輩たちの嫉妬です。つい最近まで草履取りをしていた秀吉がいきなり城持ち大名へ大出世を果たしたのです。

古くから信長に仕える家臣たちが快く思うはずありません。

つまり、このとき秀吉は、大出世を遂げるいっぽうで、非常に不安定な足場の上に身を置いていました。そして、夫の出世をよろこぶだけでなく、そこにあるリスクも見抜いたねねが、表面的には突飛に見える、信長への浮気問題の直訴という行動に出たのです。その狙いは明らかです。直訴を聞いた信長は、こう思ったことでしょう。

「え⁉ 城持ち大名になった途端に浮気? 秀吉もチャラいねぇ!」

そう言って笑ったに違いありません。そして、笑った瞬間、秀吉への疑心暗鬼が吹っ飛んでしまったのです。

これは、わたしの個人的な見解ですが、秀吉が天下人に出世していく過程で〝稀に見る女好き〟といったイメージが定着していきましたが、それは大出世によって生じるリスクを回避するイメージ戦略であり、その仕掛け人は正室であり辣腕《らつわん》ロビィストのねねだったと考えています。

ねねに対する信長と朝廷の評価

ただし信長は、ねねの直訴を聞いたとき、その意図を見抜いていたようです。そして、彼女を高く評価しました。

直訴を聞いたのち、信長は「羽柴秀吉室杉原氏宛消息」という有名な書状をねね宛にしたためています。杉原というのは、ねねの旧姓です。それにしても、なぜ、短気で知られる信長が、わざわざ直筆の書状を、しかも「天下布武」の印まで捺して送ったのでしょうか。これも、PRの視点で読み解くと、ねねの知略を高く評価するだけでなく、信長にはさらなる狙いがあったことが見えてきます。

書状には、次のように書かれていました。

《この度はこの地に初めてやってきてくれて、顔が見られて嬉しかった。(中略)藤吉郎が連連と「不満だ」と言っているとのこと、言語道断のけしからんことだ。どこを探してもあなたほどの人はもう二度とあのハゲネズミには見つけられないだろう。なお、この手紙は羽柴にも見せてくれるように頼む。》(「羽柴秀吉室杉原氏宛消息」

現代語訳より抜粋）

つまり、ねねの直訴を受け入れ、秀吉（藤吉郎）に釘を刺すだけでなく「ねねは有能な女性だから大切にしろ」と言っているのです。ねねは秀吉のダメ男ぶりを訴えることで、懸念されていた信長の疑心暗鬼を払拭するだけでなく、秀吉に対する肩入れの姿勢まで引き出したのです。ロビィ活動は完全に成功した。そう言っていいでしょう。

そして、秀吉もこの書状を読んで、即座に信長のメッセージを理解します。

その証拠に秀吉はその後、ねねを大切に扱い、天下人になって朝廷から関白に任じられると、ねねにも従三位の官位と北政所の称号を賜っています。これが、なにを意味するか。官位を得たことで、北政所は女性ながらも朝廷とコミュニケーションを図ることが可能になったのです。さらに平たく言えば、従三位の官位を得たことで朝廷への出入りが許されたということです。

当時の武将にとって朝廷と良好なコミュニケーションを保つことは、生命線とも言える最重要課題でした。鎌倉幕府、室町幕府が崩壊した背後に、朝廷の暗躍があったことは多くの歴史家が指摘しています。秀吉は、この政権担当者としてもっとも重要な朝廷へのロビィ活動を北政所に託しました。

そして、朝廷も北政所を高く評価しました。従三位が贈られた三年後、後陽成天皇の聚楽第行幸が滞りなく終わると、翌日付で北政所は従一位に。これは、かつて平清盛や足利尊氏などが任じられた高い官位で、女性に贈られることは極めて異例の待遇です。

彼女の夫・秀吉も、この官位を得たのは関白・太政大臣となった一五八五年のことです（その後、一九一五年に正一位）。

また、これはあまり知られていませんが、秀吉は北政所に所領を与えています。史料によると、北政所は平野荘に二三七〇石、天王寺に三九八〇石、喜連村約一四〇五石、中川村約四九一石など、計一万一石七斗を有していたと記録されています。つまり、北政所は女性ながら、立派な武将待遇だったのです。

いや、ここまでくれば「女性ながら」という表現も適切ではないでしょう。たしかに、現代と比べれば女性の権利などないに等しい時代でした。しかし、彼女はロビィ活動の成果として絶大な勢力と高い権威を手に入れたのです。

北政所とヒラリー・クリントン

ロビィストとしての卓越した手腕で、軽輩であった秀吉を関白・太政大臣にまで出世させ、藁と薄縁を敷いただけの質素な婚礼で自分を迎えた男に、聚楽第という金ピカの御殿を建てるだけの力を授けた女性。そして、秀吉の〝浮気〟もロビィ活動の材料にしてしまう辣腕ぶり。ここまでの北政所のロビィスト・キャリアを振り返って、米国の第四二代大統領ビル・クリントンの妻、そして自身も政治家として上院議員、国務長官などの要職を歴任したヒラリー・クリントンにイメージを重ねる読者はいないでしょうか。

有名なエピソードがあります。これは、大統領職を二期務めて政界を引退したあとのビル・クリントンが講演会などで好んで話す〝自虐ネタ〟で、どの会場も笑いと拍手に包まれますが、拍手は、そこにはいなくてもヒラリーに向けられたものでしょう。

ビルが大統領職にあった当時に、クリントン夫妻がヒラリーの故郷であるイリノイ州をドライブしていたときのこと。給油のためガソリンスタンドに立ち寄ると、ある男性がオフィスから窓ガラス越しに、ヒラリーに手を振っていました。

ビルが「誰？」と訊くと、ヒラリーは「昔のボーイフレンドよ」と答えます。そこでビルが「そうか。きみは僕と結婚しなかったら、ファーストレディーではなくガソリンスタンド店主の女房になっていたんだね」と言うと、ヒラリーは次のように切り返したのです。

「なにを言ってるの⁉　わたしと結婚していたら、あの男が大統領になっていたのよ！」

また、ヒラリーも北政所同様、夫の浮気という問題につねに直面してきました。

もちろん、秀吉の時代に武将が側室を持つのは、本来ならば当たり前と言うより必要とされていたことで、いっぽうのビルは二〇世紀末（一九九三年一月〜二〇〇一年一月）の米国大統領。ヨーロッパと比べても清教徒によって建国された米国の社会は、建前としては厳しいモラルを求めてきます。

そんな社会において、ヒラリーの夫・ビルは、大統領時代に弾劾の危機まで招いたモニカ・ルインスキーとの「不適切な関係」だけでなく、幾度も不倫スキャンダルでメディアを賑わせてきました。そして、そのたびにヒラリーは夫の政治生命を救ってきた。いや、救っただけでなく、北政所と同様、不倫を逆手に取るＰＲまで展開したのです。

ビルはアーカンソー州知事を務めていた当時（一九七九〜八一年、一九八三〜九二年）に、一二年間にもわたってクラブ歌手のジェニファー・フラワーズと不倫関係を続けていました。このことがメディアによって暴露され、CNNの人気ニュース番組『Larry King Live』にビルが釈明のために出演したとき、ヒラリーも同席しています。

普通に考えれば、一二年間も自分を裏切り続けてきた夫です。しかし、このときヒラリーはビルの手を握り続けていました。これだけでもロビィストとしての胆力ですが、キャスターが執拗にスキャンダルを追及し、ビルが釈明に窮したところで、ヒラリーは次のように言い放ちます。

「そんなに夫が信じられないのなら、次の選挙では彼に投票しなければいいのよ！」

シリアスな場面が、一転して笑いへ。これも先に紹介した北政所の手法と酷似しています。

その後、ヒラリーは二〇一六年の大統領選挙では、民主党の候補として共和党のドナルド・トランプ候補との一騎打ちを演じます。ご承知のようにトランプ候補は当時、完全なアウトサイダーと見られていました。しかし結果は、トランプ候補の勝利。

ヒラリーの敗因として挙げられるのは「彼女はとにかく嫌われていた」ということ。「相手がヒラリーでなければ、トランプ大統領の誕生はなかった」とまでいわれたほどです。有能極まりないロビィストとして夫を強力にサポートするいっぽうで、彼女は世間の反感を買っていたのです。

北政所がサポートし続けた秀吉は、一五九八年に伏見城で薨去しますが、その後の彼女はどんな道を歩んだのでしょう。ヒラリーのように、自らが政権の座につこうとしたのか。また、ヒラリーのように嫌われたのか。結論を言ってしまえば、秀吉没後も北政所は辣腕ロビィストであり続けました。

なぜ、家康をサポートしたのか

秀吉の没後、ねねは大坂城を去り、京都の三本木に移住しました。そして、出家したねねは一六〇六年に高台寺を創建して高台院を名乗ることになりますが、それ以前から、三本木の住まいを家康が上洛するたびに訪れていたことが記録に残されています。

その理由は、通説では「家康はねねに一目置いていたから」とされていますが、当時はまだ関ヶ原の戦い以前。家康は秀吉の没後、秀頼が成長するまでの豊臣家の舵取りを任された五大老のひとりに過ぎません。また、家康が五大老のひとりでありながらも各有力武将との政略結婚を成立させるなど、天下への野心を秘めていたことは第一章で述べた通りです。

そう考えると、家康がねねのもとに足を運んでいた理由は、彼女をひとりの武将、しかも今後の政局で大きな影響力を行使する存在と見て、政治的な意見交換をするためだった可能性が高いと言えるでしょう。

そして、家康が彼女に一目置いていたのはたしかで、腹を割った会談が持たれていたはずです。五大老による集団指導体制に満足せず、自分が天下を獲る野望を持つ家康と、秀吉の未亡人であるねねのたび重なる会談は、そうでなければ説明がつきません。

ねねも、秀吉の存命中は正室として夫をサポートするロビィ活動を展開してきましたが、秀吉が薨去したのちは、ひとりの武将として天下の未来像を考えるようになった。

それは、自然の成りゆきでしょう。そして、ヒラリーのように自らが大統領選に出馬することは、いかに傑物であるとはいえ女性である北政所に対し、当時の社会が許しませんでした。

そこで、秀吉のためであったロビィ活動は、新しい時代を築くためのロビィ活動へと変化していくことになります。そして、具体的にサポートした対象が、なんと徳川家康だったのです。豊臣家の安泰を願いながら世を去った秀吉の遺言を反古《ほご》にして関ヶ原の戦いで西軍を打ち破り、大坂夏の陣でついに豊臣家を滅ぼすことになる武将ですから、驚くのは当然です。

一部には、こうした北政所の動きの背景に、一五九三年に秀吉の実子・秀頼を産んだ側室・茶々（淀殿）との確執があったという見方もあります。しかし、わたしの考えは違います。冷静に現実を直視する北政所の政治感覚と、信長の時代から夫・秀吉とともに戦国の世がどう動くかを見守ってきた経験が、彼女に家康支援という選択をさせたに違いありません。

秀吉の薨去によって中心に真空地帯が生じた状況は、北政所の目には信長が本能寺の変で倒れた直後と酷似しているように映ったはずです。秀吉は五大老・五奉行による集団指導体制にあとを託しましたが、信長を失った織田家でも清洲会議（一五八二年）が開催され、後継問題などが話し合われています。出席者は柴田勝家・丹羽長秀・池田恒興、そして秀吉の四人。やはり集団指導体制となる可能性があったのですが、結局そこから秀吉ひとりが頭角を現し、天下を獲ったのです。

集団指導体制は、巧くいかない。北政所は、経験を通じてそれを見抜いていたのです。では、かつての夫・秀吉のように単独で新たな天下人となるのは誰か。個人的感情を抜きにして冷静に状況を分析すれば、武力・知謀の両面で家康が抜きん出た存在であることは明らかでした。

関ヶ原の戦いで勝敗の行方を決めた女性

そして、関ヶ原の戦いが避けられぬものとなると、北政所は東軍を率いる家康のためにロビイ活動を展開します。もちろん、感情としては豊臣家（西軍）の勝利を望まないわけはないのですが、ここがリアリストとしての北政所の凄さです。

秀吉がまだ近江国長浜・一二万石の領主だった当時から仕えてきた加藤清正・福島正則・浅野長政は、北政所にとっても自分の子どものように可愛い存在でした。秀吉が天下人への階段を昇る過程で彼らも所領を持つようになっていましたが、関ヶ原の戦いで家康と敵対してしまえば、敗者となり所領も没収されることになる。それを避けるために、北政所は彼らを東軍につかせたのです。

そして、この北政所の読みはみごとに的中し、彼女の指示に従って東軍についた彼らは、関ヶ原の戦いのあと家康によって大幅な加増を得て大出世を果たしたのです。

さて、結果的に関ヶ原の戦いで勝敗を左右する存在となった小早川秀秋も、かつては秀吉の養子であり、北政所にとってまさに自分の子でした。そこで彼女は秀秋に対しても東軍につくよう指示を出していますが、前哨戦では西軍に加わって伏見城を攻略しました。これに対して北政所は「あとで内府殿（家康）に寝返りせよ」と厳しい口調で命じたといわれています。

第一章で、家康は見える化によって勝敗の鍵を握る小早川秀秋の存在を炙り出し、その背景には北政所の存在があったと書きました。これは、家康の見える化の最大のポイントは、北政所という傑出したロビィストを見出した点にあり、彼女もまた家康の求めに応じるだけの勢力を持っていたということです。

ねねは、家康の没後も一六二四年まで生きて天下太平の世が訪れたことを確認し、生年に諸説があるため享年は定かではありませんが、およそ八〇年の天寿をまっとうしました。彼女の死も、夫・秀吉と同様に、皇族や三位以上の者の逝去を意味する「薨去《こうきょ》」という言葉で語られるものです。遺骨は、出家後のときを過ごした高台寺霊屋の高台院木像の下に安置されています。

■第二章〈I〉まとめ
《北政所流ロビィ活動のココが凄い！》

ここで改めて、有能なロビィストであるための資質とは、どのようなものかを確認したいと思います。

たとえば、誰からも愛されるような好人物が、自分の趣味や個人的利益のためにロビィ活動を展開したとして、それが効果的なPRにつながるでしょうか。答は、かぎりなくノーに近い。好人物であるというのは、有能なロビィストであるための必要条件ではありません。

ロビィストに求められる資質は権力よりも勢力だと述べましたが、一定の勢力を持つためには当然、自分のプランを理解して協力してくれる仲間が必要です。そして、その仲間を得るためには、彼らに対して自分の側についた際の利益を用意しておかねばなりません。しかし、権力はないのですから、関ヶ原の戦いで勝利したのち、徳川家康が加藤清正・福島正則・浅野長政といった武将に加増の褒美を直接与えたようなことはできません。

それでも、北政所のロビィ活動によって彼らは現実に加増を得ています。では北政所にはなにがあったのか。それは、まず中長期的な未来に対する明確なヴィジョン。そして、それを見極めてプランを実現していく上で必要不可欠な揺るぎないリアリズムです。

ヴィジョンとリアリズム。言い換えれば理想と現実となりますが、このふたつを対立する概念と捉えてはいけません。理想があるからこそ、それを実現するための現実主義が求められる。また、理想を持たない現実主義などというのは意味のないものです。

このヴィジョンとリアリズムを両輪としてロビィ活動を展開したからこそ、加藤清正・福島正則・浅野長政も北政所に賛同して関ヶ原の戦いで東軍に加わり、結果的に自分たちの利益も得たのです。

つまり、権力者からの褒美は過去の業績に対するものですが、ロビィ活動は「ウィン×ウィン」の関係を前提として未来を切り開いていくものなのです。そして、ロビィ活動が結実して切り開かれた未来には、新たなブランドとしてのネットワークが保証されています。

北政所は、関ヶ原の戦いに向けたロビィ活動によって、新たに「北政所ブランド」を確立したと言えるでしょう。それは、彼女に賛同した武将たちも同じです。かつては豊臣秀吉の子飼いとして仕え、新たな徳川政権においても大幅な加増を得て重臣の地位を確立したのです。

第一章で触れた豊国神社の廃絶に際しても、北政所は家康に直談判して一度は「必要な修繕をせずに朽ちてもいいから」と、いきなりの廃絶を反古にする嘆願を認めさせています。これも、陰で徳川幕府の成立をサポートした北政所のブランド・パワーと言っていいでしょう。

ロビィ活動からブランディングへ。ここから第一章でペンディングしておいた歴史から学ぶブランディング、その現代ビジネスへの活用法に迫っていきたいと思います。

効果的なブランディング戦略のために必要なものは、なにか。それは、ひと言で表現するなら「誇り」です。そして、誇りを裏づけるものは、それぞれが持つ歴史的背景と、歴史が醸す「情」によるところが非常に大きいのです。

Ⅱ　北政所のロビィ活動を現代のＰＲに活かす

「日本酒ブーム」に忍び寄る危機

現在、日本酒（ＳＡＫＥ）が欧米、さらには中国や韓国でもブームとなっています。二〇一七年の『食品産業新聞』統計によれば、日本酒（清酒）の輸出量は八年連続で過去最高を更新していて、同年の数字は二〇〇七年の二倍を上回っています。

まさに日本酒がグローバリズムの世界で確たる地位と価値を得ようとしている状況ですが、どうも心許ない。大きな間違いがある。その思いは、二〇一八年の『週刊新潮』（一一月二九日号）でも書きましたが、要はブランディング戦略に根本的な勘違い、あるいは油断があるように思えてならないのです。

言うまでもなく日本酒は日本の文化ですが、その人気が世界に拡がった現在、数百年も前から続く各地の蔵元やその組合、また日本酒を「クール・ジャパン」として世界に輸出して貿易黒字を増やそうと目論む政府にとって、求められるのは単に「世界の人々がおいしいと言っている」というだけの宣伝ではなく、世界のアルコール事情のなかで日本酒がどのような位置づけにあるのかを見極めた上での「自分の見える化」。そして、海外の文化圏にとっては新たな価値である日本酒の、その価値を担保する仕組みを確立することだと思います。

しかし、現実はどうか。二〇一七年からフランス人たちはパリで世界各地のＳＡＫＥに対する品評会「Kura Master」を開催していますが、そこで高い評価を得たと言ってよろこぶ日本の蔵元が多いのです。ＰＲのプロとして、これは憂慮などという言葉ではたりない危機的状況に映ります。

このままでは、本来は日本の文化であったはずのＳＡＫＥも、遠くない未来にフランスによって価値をコントロールされる存在となるでしょう。歴史が、それを証明しています。

たとえばビールは、現在では「ドイツの飲みもの」というイメージが強いはずですが、これを人類史上最初に発明したのは古代メソポタミア人です。しかし「ビール＝ドイツ」というイメージがなぜ定着したかといえば、毎年の収穫祭で派手にビールを飲むドイツ人の姿が日本も含めて世界中に発信されてきたPRの成果と言えるでしょう。

また、フランスの自慢であるワインも、旧ソ連領で東ヨーロッパに位置するジョージアがオリジナルの産地です。しかも、現在のフランスのブドウの木は一九世紀にフィロキセラという害虫によって全滅状態となったあと、北米産のブドウと接ぎ木して再生したものです。つまり、厳密な意味でのフランス・オリジナルのワインというのは、現在では存在しないとも言えます。

それでも「ワインといえばフランス」というブランディングが確立されているわけで、これに対して日本酒業界の方々は「ＳＡＫＥは日本オリジナル。外国人には真似できない」というスタンスを崩しません。こういった態度は、ＰＲの視点から見れば、まず「自分の見える化ができていない」。そして現状の誤認によって間違ったプライドを持つことで、見当違いのブランディング戦略を進めていることになります。

本当は、パリの「Kura Master」で高い評価を得たからといってよろこぶのではなく、自分たちがクオリティを担保する「お墨つき」を与える立場にならなくてはいけないのです。率直に言えば、このままでは日本酒（SAKE）ブランドは、フランス人の支配するものとなってしまうでしょう。

フランス人の抜け目ないブランディング

「Kura Master」という品評会を通じて世界のSAKEの価値をコントロールしようとしているのがフランス人であることも、わたしの危機感を募らせる大きな要因です。なぜならば、フランス人こそはブランディングのMASTER（達人）だからです。

フランス人の〝発明品〟を列挙してみましょう。

・デパート（一八五二年に登場し、現在もパリで営業するル・ボン・マルシェ百貨店が世界初のデパート）

・近代オリンピック大会（フランス人、ピエール・ド・クーベルタン男爵の提唱による）
・ＦＩＦＡワールドカップ（同ジュール・リメ氏の提唱による）
・万国博覧会（フランス首相の提唱によって一八五一年に第一回がロンドンで開催。世界初の博覧会も一七九八年にパリで開催）
・文学全集（フランスの文豪オノレ・ド・バルザックが作家引退後に古典作家たちの作品を集めて刊行）

はっきりとした共通点が見えるはずです。世界の各地から商品やイベントの出場者を集め（文学全集の場合なら過去を遡って作品を掲載し）、一堂に会するプラットフォームを用意することで商品などの個々が本来の価値を増幅する手法。そして、そのイベントの主催者であるフランスは、それぞれのジャンルで価値をコントロールする立場に就くのです。

極端なことを言ってしまえば、こういうことです。パリは「芸術の都」と呼ばれルーヴル、オルセーなどの世界的美術館も存在するけれど、フランスが美術史において圧倒的多数の天才画家を生み出したわけではない。彼らは、美術界の価値をコントロールする手法で、芸術の世界ブランドを構築するノウハウに長けていたのだ、と。

たとえば、現在は『真珠の耳飾りの少女』で日本でも有名なオランダの画家ヨハネス・フェルメール（一六三二～七五年）も、寡作で、かつ作品の多くが個人蔵となっていたために一八世紀には「忘れられた画家」となっていました。しかし一九世紀に入ると、フランス絵画界で写実主義のブームが起こり、一七世紀のオランダ絵画にスポットが当たり、フェルメールも再評価されたのです。そして、写実主義のブームを作ったのはフランスの画壇でした。

つねに世界のトレンドを敏感にキャッチし、世界を巻き込むサロンを作ることで中心的な地位を占め、それぞれのジャンルで価値決定の権限を握る存在となる。それがフランスであり、フランス流のブランディング術です。

このような強《したた》かな相手が主催する「Kura Master」で高い評価を得たとよろこんでいるうちに、日本の伝統文化であるＳＡＫＥは、日本人の手が届かないところに持ち去られてしまうでしょう。

フランス流に対抗する「暖簾の守り方」

日本酒が日本で生まれたのと同じように、サッカーの母国はイギリスです。一八六三年に創設されたフットボール・アソシエーション（イングランド・サッカー協会）が作成した統一ルールとともに、サッカーは世界中に拡まっていったのです。

しかし前述の通り、一九三〇年にウルグアイで第一回大会が開催されたＦＩＦＡワールドカップはフランス人のジュール・リメが提唱して始められたものです。そもそも、イギリスとフランスは互いに対抗意識が強く、ライバル関係にあると言っていい間柄。イギリス人からすれば、自分たちの〝国技〟をコンテンツにフランス人が勝手に世界大会を始めたのですから、面白いわけがありません。

では、どうしたか。イギリス（イングランド・スコットランド・ウェールズ・北アイルランドの英国四協会）は、第一回から三回までのワールドカップには不参加という対応を見せたのです。つまり、FIFAワールドカップに参加しないことで、サッカーの母国という暖簾を守ろうというブランディング戦略。事実、イギリスのサッカー界はFIFAワールドカップには参加しないいっぽうで、「世界最強は自分たちだ」という強いプライドを持ち続けていました。

その後、FIFA（国際サッカー連盟）と英国四協会の話し合いの結果、第四回大会から出場するようになりますが「一国・一協会」というFIFAの原則を曲げさせ、イギリスからは四協会それぞれの代表チームが参加することを認めさせました。しかも、第五回大会までは、英国四協会の代表チームはヨーロッパ予選でも同じグループになり、最低二チームが本大会に進めるという特別待遇を得ることにも成功したのです。

イギリス人もさすがに強かで、「フランス人の好きにはさせない」という断固たる決意で交渉を進めた結果と言えるでしょう。現在もサッカーのルールはFIFAだけでは変更できず、FIFAと英国四協会で構成されるIFAB（国際サッカー評議会）の合意が必要となる仕組みになっています。

この例と対照的に映るのが、日本の柔道界の暖簾の守り方です。日本も、言うまでもなく「柔道の母国」です。一九六四年の東京大会からオリンピックの正式種目となっていますが、一九九七年にカラー柔道着の導入がIJF（国際柔道連盟）の総会で決まった際には、ただ数の論理に押し切られた恰好となってしまいました。

柔道にかぎらず日本の武道には、国際大会などのコンペティションに参加するとしても、それは一生をかけて続ける修行の一部に過ぎないという考えが根づいています。つまり、試合とはいえ本来は勝敗を競うものではない。だから、対戦する両者とも白の道着で試合に臨んできたのです。白の道着は、日本柔道の哲学を示すものでした。

しかし、対戦する両者とも白の道着では判定しづらい、観戦する人も見分けがつかないという合理的な主張のまえに日本柔道の哲学は退けられてしまったのです。もし同じように母国の伝統文化を軽視する決定をFIFAが下したとしたら、イギリスのサッカー界は即座にFIFAを脱退するでしょう。

いったい、この違いはどこから来ているのか。柔道がオリンピックの正式種目となるまでには、日本柔道界からIOC（国際オリンピック委員会）へのロビィ活動も展開されたに違いありません。しかし、それが実現すると彼らは手放しでよろこんでしまったのではないでしょうか。イギリスのサッカー界がＦＩＦＡに対しておこなったような駆け引きもなく、パリで開催される「Kura Master」で高評価を得たと無邪気によろこんでいる酒造業界と同じだと思います。

たりなかったのは、ロビィ活動の第一目標が達成された先の構図までも見据える長期的なヴィジョンだったと思います。いま、もはや柔道は日本の柔道ではなく、世界のＪＵＤＯです。同じように日本酒も、日本のものではなく（フランス人が牛耳る）世界のＳＡＫＥとなってしまうのではないかと、わたしは危惧しています。

リピーター観光客は、どこを目指すか

二〇一八年、日本を訪れる外国人旅行者の数が、ついに三〇〇〇万人の大台を突破しました。二〇〇〇年には四七六万人だったのが、はじめて一〇〇〇万人を突破したのが二〇一三年。二〇一五年に二〇〇〇万人弱だったのですから、驚異的な伸び率です。そして、これらの外国人旅行客の日本での消費総額は四兆五〇〇〇億円を超えています

(二〇一八年)。

いまや、日本経済の命綱はインバウンドが握っているといっていいでしょう。しかし、地方自治体のなかには外国人旅行者の誘致をはじめから諦めているようなところも少なくないように感じます。実際にPRの仕事で関わったことがある地域でも、わたしが「これは使える！」と思った既存のご当地アイテムも創造したはずの地元の人から「どうせ、田舎の人間のセンスで作ったものですから」「東京ではこんなもの、めずらしくもないでしょう」と自信喪失気味のコメントを聞かされたことが何度もあります。

「インバウンド効果で潤うのは、どうせ、東京・大阪・京都などの大都市だけ」

そんな先入観を持っているのかもしれません。

しかし、これだけ日本を訪れる外国人旅行者が増えたということは、リピーターも少なからず存在するはずです。そして、そのリピーターたちがどこを目指し、なにを目的に日本を訪れているかを考えるべきです。

日本人のなかにも特定の外国を毎年のように訪れているリピーター観光客がいます。たとえばイタリアへ毎年行く人もいますが、そういった人たちがローマやミラノといった大都市ばかりに滞在しているかといえば、むしろシチリア島やトスカーナといった自分のお気に入りの地方があって、そこに行くことを目的としているケースが多いはずです。

これは、考えてみれば当たり前のことで、ローマには古代ローマの遺跡もありますが、大都市というのは東京もニューヨークもロンドンも世界共通の要素を持つもの。もし、イタリアを体感したいのなら、大都市ではなく地方を目指すべきで、リピーターというのは、そのことに気づいた人たちなのです。

一九九三年に『南仏プロヴァンスの12か月』（河出書房新社）という本が日本でもベストセラーとなりました。著者のピーター・メイルはイギリス人の元広告マンで、ロンドンの自宅を引き払って夫婦で南仏に移住。そこでの生活を綴ったエッセイですが、この本のヒット以来、日本でもプロヴァンス・ブームが起き、現在ではアマゾンで「プロヴァンス」をキーワードに検索すると一〇〇点を超える書籍が紹介されるという状況です。

フランス語でプロヴァンスというと、なんとなくオシャレに響きますが、日本語に訳せば「田舎」のこと。ピーター・メイルのエッセイも、要は南仏での「田舎暮らし」体験を綴ったものなのです。

外国人旅行者がハマる地方になれるか、どうか。これが、インバウンドの経済効果だけは毎年ふた桁の伸びを示す現代の日本で、地方が生き残る唯一の道です。

ある歴史学者の旅

ある歴史学者は、大学が夏休みに入ると毎年、ヨーロッパ旅行に出かけていました。表面上の目的は、大英図書館で自分の専門分野の資料を調べること。なんといっても大英図書館には、世界中から集めた文献が揃っています。しかし、彼は歴史学者のほかに、もうひとつの顔を持っていました。それは、競馬マニアとしての顔です。

大英図書館での調べものの合間を縫って、彼はイギリス国内の各競馬場を訪ねる小旅行を繰り返しました。イギリスの競馬場といえば、英ダービーが開催されるエプソム、英国王室御用達のアスコットなどが有名ですが、彼は「世界でもっとも美しい競馬場」

といわれるグッドウッドを含め、一〇を超える地方の競馬場にも足を運びました。

さらにドーバー海峡を渡ってフランスにも足を延ばし、ロンシャン、シャンティイといった競馬場で凱旋門賞、仏ダービーなどのビッグレースを観戦します。そして、この旅は、彼が大学を定年退職するまで約二〇年間も続けられたのです。

ロンドン滞在中に、彼が一般観光客が訪れるような必須スポットに行かなかったかといえば、そんなことはないでしょう。パリでも、シャンゼリゼやエッフェル塔といった普通の観光スポットにも一度ぐらいは足を運んだはずです。しかし、彼の旅の目的はべつのところにあって、それは伝統と文化を誇るヨーロッパの競馬を体感することだったのです。

リピーターというのは、こういう人のことです。あるいは、ヨーロッパ各地の教会を訪ねて毎年、旅行する人もいるでしょう。共通しているのは、彼らがハマった対象の背景に、例外なく固有の歴史が息づいているということです。

歴史、それも近代競馬の歴史や教会史のようにフィールドを限定したものが旅行者を魅了し、リピーターにするのです。さらに言えば、教会巡りをする旅行者は、各教会に設置されているパイプオルガンを見ている可能性もあります。グローバリズムの時代、国境を越えて移動する人は増え続けていますが、小さなアイテムこそ大きなインバウンド効果を獲得する可能性が秘められているということです。

前述したような、自分の地域のPRに自信を持てずにいる人には、このことを強く伝えたいと思います。

歴史もリピーター獲得のための有効なツールですが、同時に自分の地域の歴史を概観しながら「なにを訴えていくか」を見つける作業が必要となります。

「小さなアイテムで大きな効果」の実例

小さなアイテムが、大きなインバウンド効果を生む。言うのは簡単ですが、その小さなアイテムがなにかを見出すのは難しいはずです。特に郷土史から探せと言われても、そうは簡単に見つかるものでないことは、わかっています。それを考える前に、ここでは地元の人たちが「当たり前」「取るに足りない」と見逃しているような素材が大きなインバウンド効果を生んでいる例を紹介したいと思います。

代表例は、雪です。日本人、特に北日本に暮らす人たちにとっては毎年のことで、豪雪地帯では〝迷惑なもの〟とも言えるでしょう。しかし、これを目当てに冬の日本を訪れる外国人旅行者は少なくありません。これも、考えてみれば当然のことで、日本人向けの海外ツアー企画には「オーロラを見に行く」「白夜を体験」などと謳《うた》ったものが少なくありません。現地の人間には当たり前の自然現象が、外国人旅行者には大きな訴求ポイントとなることもあるのです。

富山県には二〇一六年の調査で約二六万人の外国人旅行者が訪れましたが、その内の約半数（四九・八二パーセント）は台湾からの旅行者です。富山は、日本でも有数の豪雪地帯、そして台湾は雪の降らない国（地域）です。また、富山は隣の石川県に日本有数の観光都市・金沢があることもあって、日本人の国内旅行先ランキングでは四七ある都道府県の三六位（二〇一三年・ＪＴＢ調べ）ですが、外国人旅行者の数では二四位にランクされています。

この差は「日本人よりも外国人に強く訴える観光的要素が富山にはある」ということ

を意味しています。雪が降らない台湾からの旅行者が圧倒的に多いことを考えれば、その観光的要素とは、間違いなく雪です。

毎年二月に「さっぽろ雪まつり」を開催する札幌、北海道には、現時点で富山県と比べて約七倍の外国人旅行者が訪れていますが、富山も「雪まつり」のようなイベントを開催すれば、今後、訪れる外国人旅行者の数を一気に伸ばすことも可能だと思います。

また、二〇一八年に「長崎と天草地方の潜伏キリシタン関連遺産」が世界遺産に登録されましたが、それ以前から、つまり日本人の観光客もまばらだった当時から、これらの教会にはフィリピンからの観光客が訪れていました。フィリピンはカトリック信者が大多数を占める国なので、ある種の巡礼旅行で、その絶対数は多いと言えないものの、現地にとっては「固定客」とも呼べる存在だったはずです。

しかし、世界遺産への登録以降、どんな観光PRが展開されているのか、一般にはほとんど見えてきていません。おそらく、日本人が大の苦手とする宗教に関わるアイテムだけに、どう打ち出せばいいのか苦慮しているのだと思います。そうやって思い悩むことが、決してわるいわけではありません。では、解決への道筋は見えているのでしょうか。もし、まだ見つかっていないのだとすれば、その答は以前から巡礼に訪れていたフィリピン人の旅行者たちが示してくれているはずです。

あるラーメン屋は、毎日のように来てくれるオジサン常連客がひとりいるだけで、ほかの客はランチタイムに少し来る程度。店主は当然、もっと多くの客に来てほしいと思いながらも、いまいるオジサン常連客がなにを意味しているかに気づいていませんでした。オジサン常連客こそが、その店の価値を理解している。そして、ときには問題点をも暗示しているのです。

リニア新幹線に対する危機感から始まったサクラエビPR

わたしが現在、手がけているPRに静岡市の駿河湾で獲れるサクラエビがあります。依頼主は静岡市の広報課で、新たなPR戦略を仕掛ける動機は、二〇二七年に予定されているリニア新幹線の開業でした。

現在、静岡市といえば日本の大動脈である東海道新幹線、東名高速道路で東京・大阪間を行き来するには必ず通らなければならない重要な地域ですが、現在の中央本線に近い山寄りの地域を走るリニア新幹線が開業すれば静岡を訪れる人が激減するという危機感を抱いていたのです。そこで、リニア新幹線が開業するまえに手を打っておこう。新たなPR戦略が必要だ、となった。未来図を正確に予測した賢明な判断だと思います。

ちなみに現在の東海道新幹線は、江戸時代の五街道で言えば東海道ルート。そしてリニア新幹線は中山道ルートとなります。一八七二年に新橋・横浜間で開業した日本初の鉄道を東海道に沿って西に延伸する形で新橋から神戸までを結んだのが東海道本線ですが、じつは明治政府内では当初、中山道ルートで東京と関西を結ぶ鉄道の施設が考えられていたのです。

日本で最初の鉄道が開業した一八七二年といえば、明治維新からわずか五年。幕末に締結した欧米列強との不平等条約もあり、明治政府はまだまだ国際社会で脆弱な立場にありました。再び黒船がやってきて無理難題を突きつけるとすれば、太平洋沿岸です。そして明治政府が要求を呑まなければ艦砲射撃を浴びる危険があり、その際に日本の大動脈が東海道ルートとなっていては、ひとたまりもないという危機感があったのです。

山側を通る中山道ルートなら艦砲射撃を浴びる危険もないと明治政府は考えたのですが、当時の土木技術で中山道ルートに鉄道を施設するには莫大な費用が必要でした。そこで東海道ルートに変更となったのですが、現在の東海道本線も名古屋・草津間は中山道と美濃路を利用するルートで、当初の計画の名残となっています。

つまり、リニア新幹線の開業は、一六〇年のときを遡り、明治政府が最初に描いた鉄道網の姿に返ることでもあるのですが、静岡市にとって危機であることに変わりはありません。

じつは、静岡市を中心とするエリアには特に、そば・天ぷら・ウナギなど江戸の味覚を提供する名店が数多く存在します。これは、徳川家康が駿府城に隠居する際に、江戸から腕利きの職人たちを連れてきた名残といわれていますが、わたしは「それでは弱い」と考えました。

なぜならば、そば・天ぷら・ウナギの名店は、東京に行けば静岡以上に数多く存在するからです。ご当地グルメで静岡をＰＲするには、静岡でなければ味わえない地域限定の味覚でなければならない。そこで見つけたのが、駿河湾で水揚げされるサクラエビでした。

小さなサクラエビは、現地でも特に貴重な食材というわけではありませんでした。先に述べた「小さなアイテム」と言えるでしょう。しかし、生のサクラエビを食べられるのは、世界でも静岡だけです。台湾でもサクラエビが水揚げされますが、衛生事情の問題で生食はできません。つまり世界でオンリーワンのグルメ、それが静岡の生サクラエビなのです。

「観光都市・京都」が誕生するまで

二〇一四年、「世界でもっとも影響力を持つ」といわれる旅行雑誌『トラベル・アンド・レジャー』が実施したワールド・ベストシティ・アワードで、京都は堂々の一位に選ばれました。世界中の旅行者が京都をもっとも魅力的な都市として認めたと言えるでしょう。

事実、日本を訪れる外国人旅行者は高確率で京都を訪れ、日本人にとっても京都は修学旅行先の定番です。まさに押しも押されもせぬ観光都市としてのブランディングが確立されていると言えるでしょう。

しかし、当然のことながら、京都がなにもせずに現在の地位を築いたわけではありません。たしかに、七九四年の平安遷都以来、一二〇〇年以上の歴史を持つ京都の街には、数えきれないほどの歴史的遺産が存在します。それらが観光資源となって京都に多くの旅行者を呼び寄せているのは、事実でしょう。しかし、現在の観光都市・京都がブランディングを確立するまでの歴史をひも解いてみると、地道な努力の足跡が浮かび上がってきます。

しかも、それは海外に向けての情報発信。明治維新後の一八六九年に日本の首都が東京に移されて以降、新たな日本の中心である東京に媚びるのではなく、鎖国を解いたのちの日本には海外から多くの人が訪れるであろうという長期的なヴィジョンを明確に持って、海外への情報発信を続けてきたのです。

現在、日本を訪れる外国人旅行者が、東京以外に足を向ける観光地はどこでしょう。京都のほかにも大阪、神戸が挙げられるはずです。いずれも高度成長期以降、それまでは独自の価値を持っていたはずの地方都市が〝ミニ東京〟化していくなかにあってもアイデンティティを保ち続けた都市です。これは第三章で詳述しますが、多くの地方都市のデパートとは正反対のPR戦略を実践してきた都市と言えます。

では、京都は東京遷都によって日本の首都という座を追われて以降、具体的にどのようなPR戦略を実践してきたのでしょうか。

東京遷都が京都に与えたブランディング上のダメージ、それは、まず京都人にとっては日本の象徴というよりも京都の象徴であった天皇が京都御所を出られて旧江戸城（現在の皇居）に移られたこと。そして天皇に追随する形で、それまでは京都を代表するブランドであった皇室御用達の製菓業者なども東京に移っていきました。

その代表が、現在は東京・港区に本社を置く、日本を代表する和菓子メーカー「虎屋」でしょう。虎屋は室町時代に京都で創業し、後陽成天皇の在位中（一五八六～一六一一年）から皇室御用達となった老舗です。単に老舗というだけでなく現在でも、虎屋の代表作と言える「夜の梅」はすべての和菓子職人にとって目指すべき「甘味」となっています。つまり、日本の和菓子界における〝基準点〟とも言うべき存在。それが、明治天皇とともに東京へと移っていったのです。

京都の人たちにとっては、受け入れ難い屈辱だったはずです。しかし、そこから先の切り替えの鋭さが、また京都の凄さです。京都は一八七一年から一九二八年まで半世紀以上、ほぼ毎年、博覧会を開催していったのです。

前述の通り、世界初の万国博覧会が一八五一年にフランス首相の提唱によってロンドンで開催されていました。京都は、これを意識して博覧会を開催し、東京に移った明治政府もフランスのような工業国になること、また万国博覧会への出展を目標に一八七七年に東京・上野で第一回の内国勧業博覧会を開催します。日本の首都となった東京が、京都のアイデアに倣った形と言えるでしょう。

そして、一八九五年に第四回の内国勧業博覧会が京都・岡崎で開催されます。会期中に一〇〇万人を超える人が来場者し、外国人も多く訪れたといいます。京都が主導した戦略に東京も乗り、大きな成功を収めた。しかも、この博覧会の開催を半世紀以上も続けたことが京都のブランディングの底力だと言えるでしょう。

このほかにも京都は、多種多様な戦略を仕掛け、継続して実践してきました。「京都は外国人と学生にはやさしい街」といわれますが、多くのノーベル賞受賞者を輩出した京都大学をはじめ、同志社、立命館などの大学を育て、アカデミズムの街というブランディングを確立したことも長期的なヴィジョンに基づくものと言えるでしょう。

京都は、歴史的遺産・観光資源に頼るだけでなく、地道なブランディング、ＰＲ戦略によって現在の地位を築いてきたことがわかってもらえたと思います。そこに長期的なヴィジョンがあったことはすでに述べましたが、東京遷都以降も「自分たちが日本の中心だ」というプライドを持って、しかも、それを海外に認めさせることで現実のものとする戦術的な企みがあってのことです。

必要なのは長期的なヴィジョンに基づく戦略と、プライドと、実現に向けた戦術的な知恵です。つまり、京都と同じことを現在、経済的に疲弊している地方の都市ができないことは決してない。そのことを、ここでもう一度、お伝えしたいと思います。

誇れるものは、なにか

「誇り」とか「プライド」という言葉で表現されるものがあります。それは、なんでしょうか。わたしもPRプロデューサーとしてプライドを持っていますが、それは「過去にこれをやった」「こんな賞をいただいた」といった〝点〟で示されるものではありません。自分がそれを続けてきたこと、さらに言えば、多くの方々に育てていただいたという時間軸の〝線〟の上に存在するものだと思います。

つまり、誇れるものとは、歴史以外にないのです。自分はいま、これだけの資産を持っている。それを唯一の誇りとする人がいても、それは間違いで、誇りではなく自慢に過ぎません。インバウンド効果を期待して地域振興のPRに携わろうとする人たちに言いたいのは、このことで、たとえば日本一、いや世界一大きな鶏がいたとしても、その鶏がもたらすPR効果は一過性のものです。そして、理想のPRとは「永続性を生むPR」です。本当に誇れるものはなにか、どうすれば永続性を生むPRを実現できるか、その答は全国各地の郷土史のなかに眠っているはずです。

コラム

地元の誇りがブランドをつくる――宇治茶はなぜ、日本一の銘茶になったのか

わたしは京都府宇治市の出身です。

このように自己紹介すると、たいてい「ああ、お茶の美味しいところね」と言われます。なかには「毎日、玉露を飲んでるの？」と羨ましそうに顔を覗き込む人もいます。つまり、宇治市は有名な〝茶どころ〟であり、宇治茶には高級な「ブランド銘茶」といったイメージが定着しているということです。

しかし日本の茶史をひも解けば、宇治茶が銘茶と認められたのは室町時代あたりからで、それまで宇治茶は「非茶」（茶に非ず）とされていました。栄西禅師が宋（中国）から持ち帰った茶の木を京都北部の「栂尾山《とがのおさん》高山寺」に植えたことから、そこでとれた茶だけが「本茶」と定められていたからです。

それでは、なぜ宇治茶が日本一の銘茶になったのでしょうか。地元に伝わる話から、そのプロセスをご紹介しましょう。

鎌倉時代、後嵯峨天皇が宇治の平等院をお訪ねになった時のことです。都で評判の茶

の木をお持ちになり、平等院の庭にお手植えになりました。宇治の人々はそれをたいへん誇りに思い、平等院に植えられた茶の木を、とても大切に育てたそうです。

そしてようやく茶摘みの時期を迎えたとき、宇治の人々は考えました。

「後嵯峨天皇が、宇治の誇りである平等院にお手植えになった茶なのだから、神聖な水で淹れなければならない」

宇治の人たちにとって、神聖な水といえば、古くから地元に信仰されている宇治上神社の境内に湧く水を指します。平安時代に平等院を建立した藤原頼通も、宇治上神社を鎮守社と定め、社から見下ろせる位置に鳳凰堂を建立したと伝えられています。

つまり宇治上神社に湧く水で平等院で育った茶を淹れることは、後嵯峨天皇に感謝の意を表す最高の心づくしだったのです。そして宇治上神社の神聖な水で淹れる平等院の茶のイメージは、次第に宇治でとれる茶のイメージと重なって、宇治茶は地元の誇りとなっていきました。

室町時代に入り、宇治茶の高貴なイメージは時の権力者を動かしました。室町幕府の三代将軍・足利義満が宇治茶の栽培を奨励するため「宇治七名園」を開いたのです。さらに戦国時代になると織田信長や豊臣秀吉がみずからの権力を示すように高貴な宇治茶を奨励し、江戸時代に入ると徳川三代将軍・徳川家光が、宇治の茶師に、宇治茶を江戸城に献上するよう命じました。これが御茶壷道中のはじまりと言われています。そして、このときには、すでに「本茶」や「非茶」の概念は消え去り、宇治茶は高貴なお茶として、揺るぎないブランドを確立していました。

地元の誇りが、「非茶」だった宇治茶を日本一の銘茶に変えたのです。

第三章　宮本武蔵の「剣豪伝説」が語り継がれた本当の理由

Ⅰ　宮本武蔵から学ぶPR術

武蔵が書き、未来へと発信したPRレター

吉川英治、五味康祐、司馬遼太郎、柴田錬三郎……。文豪と称される大物作家たちが、繰り返し宮本武蔵を題材とした小説を書いてきました。また、それらの作品をもとに映画も数多く製作され、武蔵を演じた俳優も片岡千恵蔵、中村錦之助（初代）、本木雅弘、緒形拳など、これも錚々たる顔ぶれ。

これらのメディア露出によって、今日の日本では「剣豪といえば宮本武蔵」という認識が、少なくとも一般人の間では完全に定着しています。もし、武蔵の遺族が経営するオフィスがあって、ディズニーのキャラクターのように肖像権などを管理するライツビ

ジネスを展開していれば、莫大な利益が舞い込んでくるでしょう。

しかし、剣豪というのは「剣術の強い人」を指す言葉ですから当然、剣豪は武蔵だけではないし、もしかしたら彼よりも強い武芸者だっていたかもしれません。たとえば、示現《じげん》流の開祖・東郷重位（一五六一〜一六四三年）。武蔵とほぼ同時代の人物ですが、若い頃（一五八八年）に主君・島津義久に従って上洛したときを除けば生涯のほとんどを薩摩（現在の鹿児島県）で過ごしたため、武蔵と直接、剣を交えることはありませんでしたが、その晩年になってからのエピソードも凄まじいものです。

近隣の住民たちが迷惑していた野犬を弟子たちが斬ったのですが、彼らはその際に刀が地面に触れず損傷しなかったことを重位の前で自慢げに話しました。示現流というのは、頭上に剣を垂直に立てる独特の構えを示し、そこから一気に振り下ろす剣法です。そのとき重位は碁盤を前にしていましたが、刀を執って立ち上がると「斬るとはこういうことだ」と言って一旋。分厚い碁盤が真っ二つに斬り割られ、それどころか畳を両断し、さらに床下の根太《ねだ》の半ばまで刀身が達していたというのです。

この重位のほかにも塚原卜伝（一四八九〜一五七一年）、千葉周作（一七九三〜一八五六年）など「最強」と言っても差し支えない武芸者は十指にあまるほど存在します。しかし誰も、剣豪としての知名度の点では武蔵に遠く及ばないのです。

その理由は明瞭簡潔で、武蔵に関しては詳細な記録が残されていて、他の剣豪たちには、それほどのものはない。だから、後世の作家たちが剣豪小説を書こうとすれば武蔵を取り上げるのは当然で、これによって武蔵の圧倒的な知名度が築かれたのです。

そして、その詳細な記録とは、ほかでもない武蔵本人が書き記した『五輪書』です。兵法のバイブルであり、武蔵が繰り広げた数々の死闘について自ら解説した書物ですが、わたしは、これを未来に向けた自己ＰＲレターだと考えています。

どんなに高機能の新商品も、従来にはなかった視点で開発したサービスも、まずＰＲレターやニュースリリースを通じて各方面に告知してＰＲを展開しなければ、世間の認知度が上がることはありません。こういったＰＲ面での努力・配慮が、他の剣豪たちには欠けていた。あるいは、そもそもＰＲという概念すら意識していなかったと言えるでしょう。そして、逆に言えば、武蔵は日本の歴史上でも稀有の天才ＰＲマンだと言えるのです。

『五輪書』は一九七〇年代以降、多くの翻訳者によって英訳版が出版され、海外でも多くの人に読まれてきました。また、最近ではハーバード・ビジネススクールで経営学のテキストにも採用されています。武蔵のPR戦略は現在も生き続けていて、彼の知名度をさらに高めているのです。わたしは「永続性を生むPR」こそが最高のPR戦略と考えていますが、いまから約四〇〇年前に書かれた『五輪書』こそ、その典型です。

三条大橋に掲げた「公開挑戦状」

『五輪書』に、以下の記述があります。

《廿一歳にして都へ上り、天下の兵法者にあひ、数度の勝負をけつすといへども、勝利を得ざるといふ事なし。》（岩波文庫『五輪書』地乃巻より）

もっとも有名な、佐々木小次郎との「巌流島の決闘」を含めて生涯に幾度もの死闘を繰り拡げた武蔵ですが、彼の〝勝負キャリア〟は、ここに書かれている「天下の兵法者」、つまり吉岡清十郎との戦いからスタートしています。

吉岡家は代々、足利将軍家の剣術師範で、清十郎は当時の吉岡家当主でした。この清十郎を含め、吉岡家の腕自慢たちと三度戦い、いずれも勝利したと伝えられますが、ここでひとつの疑問が生じます。

足利将軍家の剣術師範といえば、当時の剣術界において名門中の名門。そして、二一歳の武蔵は無名で、一介の素浪人に過ぎませんでした。普通ならば、勝負を挑んでも門前払いされて当然。なぜ、武蔵の挑戦が受け入れられたのでしょうか。ここでも彼はPRマンとしての手腕を発揮しています。

武蔵は、正面から挑戦状を叩きつけても吉岡家に受けてもらえないと知ると、京都の中心・三条大橋に挑戦状を貼りつけた高札を掲げたのです。吉岡家としては、無名の素浪人に勝ったところで一文の得にもなりません。つまり、リスクはあってもノーリターンのオファーだったので挑戦を無視してきましたが、こうなると挑戦を受けないことにもリスクが生じてきます。

「無名の素浪人からの挑戦に、吉岡は怖じ気づいたのか」

高札を見る京都の人々が、そう考えて家名に傷がつくことを吉岡家は懸念し、実現不可能と思われた武蔵の挑戦が現実のものとなったのです。

このエピソードから、ボクシング界のスーパー・レジェンド、モハメド・アリ（一九四二〜二〇一六年）と武蔵を重ねてイメージする読者もいるのではないでしょうか。

今日、プロボクシングは、選手に支払われるギャランティーの点で最高のスポーツ・ビジネスといわれています。サッカーでもベースボールでも、世界には年間数十億円という高額の年俸を得ている選手が少なからず存在しますが、ボクシングは桁違いです。

二〇一五年におこなわれたフロイド・メイウェザー対マニー・パッキャオの試合では、年俸ではなく一試合の報酬として両選手に計三〇〇億円以上のファイトマネーが支払われています。しかも、この試合は一二ラウンドの末、判定でメイウェザーの勝利に終わりましたが、一ラウンドは三分間ですから、ふたりがグローブを交えたのは計三六分間のこと。一分間に約一〇億円のファイトマネーが両選手に支払われたことになります。

モハメド・アリは『五輪書』を読んでいたか

プロスポーツのなかでもボクシングだけが突出しています。その理由はボクシングの試合が大きな注目を集めるからで、高視聴率を見込めるＰＰＶ（ペイ・パー・ヴュー）による高額の放映権料などが選手に支払われるギャランティーの背後にあります。

もちろん、注目を集めなければ高額のギャランティーもあり得ません。そして、ボクシングの試合に注目を集め、選手が高収入を得る仕組みをＰＲの視点から構築したのがモハメド・アリでした。

アリは現役時代、「ホラ吹き」といわれていました。試合直前に対戦する両者が顔を合わせる記者会見で、相手を挑発し、「こいつをXラウンドまでにＫＯする！」と報道陣に向かって吠えていたからです。予告ＫＯは、実現したこともありましたが、予告が外れたことのほうが多かったでしょう。しかし、このホラ吹き行為によってアリは世間の注目を自分の試合に集めることに成功しました。そもそも、試合前の記者会見が現在のようにメディアで報道されるようになったのも、アリの功績です。

人々はベトナム戦争への徴兵拒否やブラック・ムスリム改宗でも物議を醸していたアリが予告を実現できるのか、それともホラ吹きで終わるのか注目し、アリはそれまでボクシングに関心を持たなかった層にも自分の試合をPRすることに成功しました。そして、そうやってアリによって構築されたボクシング興行のビジネスモデルが今日も踏襲され、メイウェザーもパッキャオも天文学的額のファイトマネーを得ることができたのです。

そのアリが、はじめての世界ヘビー級タイトルマッチを当時の王者ソニー・リストンに挑み、実現させたときのエピソードも、武蔵の吉岡清十郎挑戦と酷似しています。

清十郎と同様、当時の評では「史上最強」とまでいわれていたリストンは、やはりアリの挑戦を避けていました。しかし、ある夜、アリは報道陣を従えてリストンの自宅を〝襲撃〟します。

「出てこい、腰抜け野郎！ 俺と戦うのが怖いのか？ いつまで逃げるんだ！」

驚くほど、武蔵が三条大橋に掲げた高札と同じ手法です。もしかすると、モハメド・アリは英訳された『五輪書』を読んでいたのかもしれない。そう思うほど、ふたりの行動は酷似していますが、実際には『五輪書』の最初の英訳版が出版されたのは一九七四年で、その可能性は低いと言えるでしょう。

しかし、なにかのルートで『五輪書』の主旨に触れて感化されていた可能性も否定できないでしょう。また、そういった接点がなかったとしても、アリは武蔵の生まれ変わりのように似ていました。現役時代のアリは、試合後の記者会見でも超饒舌に喋り、「俺は偉大だ」「俺こそが最強だ」と叫び続けていたのです。それは、現在も剣豪の最右翼であり続ける武蔵の姿に重なります。

〝真実味〟を増すためのPR戦略

武蔵は清十郎に勝利しましたが、それを認めたくない清十郎の門弟がいて「吉岡家は負けていない」と言い張ったとしても、それも当然のことでしょう。そのため、この武蔵と清十郎の勝負に関しては諸説が存在するのも事実です。PRに無頓着な剣豪ならば、こういった状況も放置したかもしれませんが、武蔵は自分が勝利した事実を世間に納得させるために次のPR戦略を考えました。それは、ただ「勝利した」と宣言するだけでなく、「こうやって勝った」「この新しい戦法を用いたことで勝った」と勝負の詳細を記すことでした。

武蔵が述べた詳細というのは、次の三点です。

① 自分は挑戦者であったが、敢えて勝負の場にわざと遅れる「焦らし戦法」を採ることで勝利した。
② 新しい兵法、すなわち二刀流を用いることによって勝利した。
③ 一撃で勝利した。

ことの詳細、ディテールというのは、語っていることが嘘ならば真実を暴かれる端緒となる危険を秘めたもので、多くの人間がこれによって国会でも警察署の取調室でも墓穴を掘っています。

しかし「自分は正しい」と思うならば、見解が異なる相手よりも先にディテールを語るべきでしょう。語ったディテールの矛盾から墓穴を掘った人々も、その多くは、先に相手が述べた詳細に対して反論した内容から矛盾点を突かれて自滅しているのです。

ただ自分の主張を述べるだけでなく、第三者的立場の人々まで含めて自分の意見を納得させたいのなら、相手よりも先に、自分が主張する〝事実〟の詳細を語ること。これは「世間から支持を得る」こと、つまりPRの視点で自説を展開する際の鉄則と言えます。そして武蔵は、約四〇〇年前にそれを実践していたことになります。

また、武蔵が記したディテールが、それを信じるか、信じないか、単なる興味本位で経緯に注目している一般大衆の心理にまで配慮している点も見逃せません。

特に①の「焦らし戦法」は、武蔵自ら〝汚い手〟と言ってもいい戦法を採ったと言っているのですから、大衆心理は大きく「納得」に傾くはずです。「勝った」に加えて「しかし、そこまでしてでも勝ちにこだわった」と詳細に語っているのです。

さらに「吉岡家は負けていない」という主張に対しても、この告白によって「無名の素浪人に、そこまでやられたのなら平常心を失っても仕方ない」という思いを大衆が抱くところまで計算しています。

「ここまで正直に語っているんだから、嘘のはずがないだろう⁉」

この本音トークで、人々は武蔵自らが語る「最強説」を現在も信用し続けているのです。

「二刀流」のブランディング

また、前掲②の「二刀流を用いることによって勝利した」も、PRの視点で刮目《かつもく》に値する記述です。

武蔵は、吉岡清十郎との戦いのあと、剣術の世界で「二天一流」という流派を立ち上げ、開祖となっています。「二刀流を用いることで」という言い方は、天下の将軍家剣術師範・吉岡清十郎に対して「もし、二刀流でなかったら負けていたかも」と含意しています。

ここも、武蔵が単に自分の勝利を声高に言うだけでなく、①と同様に「そうでなければ自分は負けていたかも」という本音トークをすることで、大衆の支持を得ることに成功した理由と言えるでしょう。

そして、その支持は、単に清十郎に対する勝利だけでなく、武蔵が創始した二天一流にも向けられることとなったのです。まさに「永続性を生むPR」です。

ちなみに、こういった自己（および、その戦法）のブランディングといった点でも、武蔵とモハメド・アリには共通点が見られます。前述したソニー・リストンに挑むタイトルマッチの前、大方の予想は一対七でアリの劣勢。かつて彼をコーチした元ライト・ヘビー級王者のアーチー・ムーアは「殺されるから、やめろ」と忠告の手紙まで送ったほどでした。

事実、アリは歴代最高のハードパンチャーといわれていたソニー・リストンと比べれば〝軽いボクサー〟でした。一九六〇年のローマ五輪・ボクシング競技で金メダルを獲ったときも、ライト・ヘビー級。プロ転向後も「スピードはあるが、動き廻るだけでパンチが軽い」と見られていたのです。

しかし、アリは「蝶のように舞い、蜂のように刺す」ことでリストンに勝利すると公言します。アリは、ヘビー級のボクシングに革命をもたらし、そのリングにバンタム級のスピードを持ち込んだ最初のボクサーでした。

そして、「軽い」「殺される」といわれながらも六ラウンドTKOでリストンに勝利してタイトル獲得。以後、「蝶のように舞い、蜂のように刺す」は、武蔵の二刀流と同様、アリのボクシング・スタイル（戦法）を形容するキャッチコピーとして定着したのです。

もし、宮本武蔵にPRのセンスがなかったら……。その答は明白で、ハーバード・ビジネススクールで経営学のテキストに採用されるなどということは一〇〇パーセントなかったでしょう。日本でも、その名前すら記憶されていなかった可能性も極めて高いと思います。

わたしは、既存のPR業界では馴染みが薄く、名刺を差し出しても首を傾げられることとすらある「PRプロデューサー」を肩書きとしていますが、それは「歴史と文化はPRによって作られるもの」という認識を持っているからです。武蔵は、PRによって歴史を作った代表的人物と言えるでしょう。

■第三章〈I〉まとめ
《宮本武蔵流〝刺さるPRレター〟のココが凄い！》

宮本武蔵の凄さは、やはり情報発信力です。どんなに強い剣豪も、やがては世を去る。しかし、発信した情報・記録は基本的には永遠に世に残り続けるのです。

そして重要なのは、世に残った記録は伝説を生む可能性を秘め、情報を発信した当人が伝説上のヒーローとなっていくための拠りどころになるということ。つまり、情報を発信しなければ、ブランディングもPR戦略も始まらないということです。

しかし、記録を残しても、それが多くの人に読まれ、さらに心に響くものでなかったら、せっかくの情報発信も自己満足に終わるでしょう。たとえば北辰一刀流の開祖・千葉周作も多くの遺稿を残し、徳川将軍家の兵法指南役であった柳生宗矩《やぎゅうむねのり》（一五七一〜一六四六年）も『兵法家伝書』という著書を残していて、どちらも現在の書籍として入手可能です。

千葉周作も柳生宗矩も、剣客としての力量で言えば武蔵にひけは取らなかったはずです。実際に彼らが真剣で武蔵と立ち会っていれば、武蔵は『五輪書』を残すまえに世を去っていた可能性もあったかもしれません。しかし現在、剣豪の代名詞として人々の記憶に残り続けているのは武蔵です。つまり、武蔵の『五輪書』は未来に向けたPRレターであると指摘しましたが、そのPRレターが千葉や柳生のものより秀逸であったということになるでしょう。

では、武蔵の発信したPRレターは、どんな点ですぐれていたのか。それを考察することは、現代においてPRを展開する上でもおおいに参考となるはずです。

まず、『五輪書』を『千葉周作遺稿』や柳生宗矩の『兵法家伝書』と比較した場合に、最大の特徴と言えるのが、すでに述べたように武蔵の決闘の記録がふんだんに盛り込まれている点です。剣豪の残した文章は、ともすると哲学書のようになりがちで、『五輪書』にもそういった傾向がないわけではありません。

剣豪というのは、まさに命懸けでひとつの道を追求してきたのですから、哲学者や宗教家のような境地に達するのも当然でしょう。そのいっぽうで、決闘の記録というのは世俗的要素です。千葉周作や柳生宗矩が、剣豪としてなにかを書き残しておこうと考えたときに、そういった世俗的要素を意識的に排除したとしても納得できます。

しかし武蔵は、敢えて決闘の記録という世俗的で、同時にリアリティがあって大衆の心に響きやすい要素を盛り込んだ。まず、この点が傑出しています。

そして、これもすでに触れた点ですが、ディテールにこだわっている。これは、単に『五輪書』に書かれている内容にとどまりません。武蔵が、これをどこで書いたか。現在の熊本市近郊に位置する金峰山の霊巌洞にこもって書いたといわれています。「形から入る」タイプの人だったのでしょうか。しかし、こういったギミックを感じさせるエピソードも、伝説化されるためには重要な要素となるのです。

「洞窟にこもって書き上げた」というと、それは書かれている内容には直接関係のないエピソードだとしても、なんとなくカッコイイと思ってしまう。それが大衆の心理、人間の情というものです。そして、こういったディテールこそが、人間の記憶のフックとなるのです。

一〇年まえの×月×日の昼食はなんだった？　と訊かれてもスグに答えられる人は、ほとんどいないでしょう。しかし、その日が特別な日だったとしたら、どうでしょう。

たとえば二〇一一年の三月一一日、東日本大震災の日にどんな昼食を食べたかという質問ならば、答えられる人は飛躍的に増えるはずです。

この場合、東日本大震災という衝撃的な出来事が、その日の昼食を思い出す上でのフックとなっているのです。どんなに内容がすぐれた書籍も、なにかしら記憶のフックとなる要素がなければ、忘れられてしまう可能性が高いということ。そして、そのフックとなるものは、たとえば「洞窟にこもって書き上げた」というようなヴィジュアル化しやすいものがいいのです。

もうひとつ、『五輪書』は地之巻・水之巻・火之巻・風之巻・空之巻という五つの章によって構成されていますが、風之巻では他流派に対する批判を展開しています。これも、剣術の求道者として自分の思うところを書き残しておこうというだけの動機であれば、敢えて触れずにおこうとするようなテーマと言えるでしょう。

しかし、他流派と自分の二天一流を比較し、他流派を批判するということは、自身をブランディングする上では非常に有効な手段です。日本の仏教界を見ると、もっとも古い歴史を持つ南都六宗から真言宗・天台宗・禅宗・浄土宗および浄土真宗まで、現在では仲よく共存している印象を受けるはずです。

しかし、日蓮宗と日蓮正宗だけは他宗派を公然と批判しています。そして、仏教系の新興宗教として大きな勢力を持つ団体は、ほぼ例外なく日蓮宗・日蓮正宗の流れを汲む組織。そもそも、本来はひとつであったはずのお釈迦さまの教えが多くの宗派に分かれていったのは、それぞれが「自分が正しい」と考えたからでしょう。日蓮宗・日蓮正宗は、その姿勢を崩さず、自分たちのブランディングを確立させたと言えるでしょう。

ここまで『五輪書』がPRレターとしてすぐれている点を挙げてきましたが、最後にもっとも重要なことを言っておきたいと思います。それは、『五輪書』が武蔵によって自身を伝説化するという明確な意図・ヴィジョンを持って書かれたものだということです。決闘の記録も、霊巌洞にこもって書いたというエピソードも、他流派への批判も、その目的を理解すればすべて納得できるものとなります。

Ⅱ　宮本武蔵のＰＲ術を現代に活かす

人間は「情」で動く

わたしは、以前から人間の脳は「知」「情」「意」という三つの領域から成り立っていると考えています。神経生理学者の高木貞敬氏の著書『脳を育てる』（岩波新書）にも、そのように書かれています。

この三つの領域の関係は、外部からの情報を知あるいは情の領域で処理して、意の領域に働きかけることで人間は行動を起こすというものです。つまり、なんらかの情報が人間に行動を起こさせるためのルートは「知→意」と「情→意」というふたつが存在することになります。

合理的で、損得勘定の上でも得になると判断して起こす行動は、前者のルートを経由したものと言えるでしょう。いっぽう後者は、そういった損得勘定を度外視して本能的・感情的な行動を起こさせます。問題は、人間はつねに合理的な判断で（つまり知意のルートで）行動を起こしているか、ということです。

アリゾナ大学のサンフェイ教授らがおこなった心理学の実験で、有名な「最後通牒ゲーム」というものがあります。これは、提案者と応答者のふたりがおカネを分け合うもので、提案者からの配分案に対して応答者は受諾と拒否というふたつの選択肢を持っています。そして、受諾すれば応答者は提案された額を受け取り、拒否すれば提案者も応答者も受取額はゼロになります。

明らかに不公平な配分案を提案されれば、応答者は提案者に対して悪意を抱くでしょう。しかし、かといって拒否すれば、応答者のもらえる額はゼロになってしまいます。そしてこの場合、提案者が不公平に多額のおカネを受け取ったとしても、それは応答者の懐から出たものではないのですから、悪意を抱いたとしても提案された額を受け取るほうが損得勘定では得となります。

つまり、不公平な配分案に対して受諾するのは知の領域が意に働きかけて起きる行動であり、拒否するのは情の領域からの働きかけと言えます。合理的に「自己の利益の最大化」を考えれば、当然、受諾を判断するはずです。しかし実験の結果は、配分案が七：三という比率を超えて提案者に有利な場合には、約半数の応答者が提案を拒否したのです。

また、大阪大学のグループによる研究でも、人間が自分は損をしても相手に得をさせようとする「親切行動」や、逆に自分が損をしてでも相手に得をさせないという「いじわる行動」を頻繁に起こすことが確認されています。人間は、合理的な知→意のルートばかりで行動しているわけではないということになるでしょう。

わたしはニュースリリースを作成する際、つねに情に訴えかけることを考えていますが、宮本武蔵の『五輪書』が剣術のバイブルとして残り続けている理由も、読む人の情に訴えたところにあります。決闘の記録も、「霊巌洞にこもって書いた」というエピソードも、他流派との比較も人間の本能に訴えるもので、だからこそ読んだ人に満足感を与えられるのです。

血だらけ（知だらけ）のニュースリリースはNG

人間の情に訴えかけるという点で、ユニセフ（国連児童基金）が「マンスリーサポート」という支援（寄付）を呼びかけるテレビCMは秀逸です。寄付行為というのは、金銭を支払うという意味では消費行動と同じですが、代価を支払って具体的な商品やサービスを得るわけではなく、支払った人が得られるのは満足感や自分の善意を実現できたという幸福感だけです。まさに、情が働かなければ寄付行為は生まれません。

その寄付を募るために、どのようなテレビCMを展開しているか。アフリカなどの飢餓地域の子どもたちが映し出され、「彼らには時間がありません」というナレーションが流れる。ズバリ、情に訴えかけてきます。

わたしは寄付行為でなく、一般の消費行動であっても、代価を支払った消費者は商品やサービスを得たことによって最終的に満足感を得るべきだと考えています。そして、満足感というのは合理的な基準で決まるものではありません。同じ商品やサービスを買っても、大きな満足感を得る人がいるいっぽうで、なんの感動も覚えないという人もいるのです。

しかし、本書の冒頭で述べたような、現在、主流とされるPRの多くは、情に訴えるのではなく、知にアピールして行動を起こさせようとするアプローチを常道としているように思えます。また、PRを行っている大手企業の多くも、知↓意の働きかけによってPR展開を成功させたいという意識をお持ちのように感じます。

そういった環境から発信されるニュースリリースを拝見すると、わたしはいつも「うわッ、血だらけ（知だらけ）！」と思ってしまいます。知で人を動かせるのなら、もちろん彼らのアプローチは正しいのですが、ここまで述べてきたように、より強い力で人間を動かすのは情の領域からの働きかけです。

もし、知からのアプローチで消費行動を喚起しようとすれば、消費者は最終的には価格という価値判断基準を拠りどころとするでしょう。なぜならば「これは安い」という以上に合理的な消費行動の動機は存在しないからです。「現在の日本のように人口が減少する局面でのデフレは、これまで人類が経験したことのないもので、すでに人類が処方箋を持っているハイパー・インフレ以上に危険だ」と多くの経済学者が警鐘を鳴らしていますが、わたしは「デフレの背景には〝知だらけのニュースリリース〟があるのではないか?」とさえ考えています。

また、前章で日本酒の危機について述べましたが、この危機の背景にも現在の日本の知偏重の傾向があると思います。「日本酒は日本のオリジナル。外国人には真似できない」と独断し、米国で「メロン味のSAKEが人気」と聞くと、「そんなものは日本酒ではない」と斬り捨てる。なぜ、メロン味のSAKEはダメなのですか? それは「日本酒とは、こういうものだ」という知の領域における認知に思考が支配されているからだと思います。

メロン味のSAKEをおいしいと感じるのは、間違いなく人間の脳の情の部分が刺激されているから。そして、おいしいと感じたメロン味のSAKEの消費者は満足感を得ているのです。お寿司の世界でも米国人が考案したカリフォルニア巻が、日本の回転寿司業界でも定番となりました。情に訴えかけることを忘れれば、世界に、また消費者に取り残されることとなるでしょう。

ご記憶の方も多いと思いますが、ユニセフのテレビCMも以前は「地球上では毎日、

××千人の子どもたちが餓死しています」といった知に訴えることに主眼を置いたものでした。それが、情に訴えるCMへと変化してきた。この賢明な方向転換も、わたしがユニセフのCMを秀逸と言った大きな理由です。

日本人の特性と、外国人旅行者が求めるもの

前述した大阪大学のグループによる研究では、非合理的な「親切行動」や「いじわる行動」を起こす傾向が、日本人は米国人や中国人より顕著であることもわかっています。つまり、日本人は情に流されやすいということ。これには、わたしも深く頷きます。

日本人はもともと、情が豊かな民族で、それが日本の文化でもあります。日本の古い和歌などには岩や花、風などを擬人化してなにかを語らせているような作品があります。また、たとえば家で小さな子どもがテレビを蹴ったとき、母親が「テレビさんが痛いって言ってるわよ」と言って叱り、反省を促すこともよくあります。

これらは日本の文化に仏教伝来以前から深く根づいているアニミズム（精霊信仰）の

表れだといわれますが、同じ信仰でも一神教と比べればアニミズムは知よりも情に重きを置いたものと言えるでしょう。

だからこそ、情に流されやすい日本人は、情に流されないように心を整えるための茶道や生け花といった文化を生み、発達させてきたのだとも言えます。武士道も同様でしょう。そして、宮本武蔵は武士道よりも『五輪書』を読む人々の情に訴えることを選び、今日でも剣豪として圧倒的知名度を誇っているのです。

現在、日本を訪れている外国人旅行者が求めているものは、なにか。やはり日本人の情だと思います。「お・も・て・な・し」という言葉が流行語にもなりましたが、「おもてなし」というのは本来、前述した「親切行動」の一種であるはずです。その伝統がまだ日本に息づいているからこそ、おもてなしが日本の文化だと言えるのです。

しかし現実には、現在の日本では合理主義を至上の価値とするような知偏重の傾向が顕著となっています。おそらくは明治維新以降、工業化を進める上では情よりも知の働きのほうが重要だったからでしょう。ただし、そうして工業化を進め、戦後の高度成長期には家電製品の輸出も日本経済に大きく貢献しましたが、現在はどうか。合理主義を判断基準とすれば、日本の製品は、あとから台頭してきた韓国製・中国製、さらにはインド製などのより安価な商品には勝ち目がないと見るべきでしょう。

また、日本よりも経済的に成熟した国が輸出して成功している家電製品としては、たとえばイタリア製のコーヒーメーカーなどが挙げられます。他の製品と比較して決して安価ではない。しかし、合理的判断を超えた味を提供し、消費者に満足感を与える商品。つまり、コーヒー好きの人たちの情に訴えることで成功を収めているのです。

新興工業国との無益な価格競争からは、手を引くべきでしょう。それよりも、本来は日本人の特徴であり取り柄でもあった情を通じて世界にアピールするべきだと思います。

知に訴えていたら「ひこにゃん」は消えていた

わたしが手がけたPRのなかでも代表的成功例と言える「ひこにゃん」は、二〇〇七年に滋賀県彦根市で開催された地方博「国宝・彦根城築城400年祭」に向けて起用したマスコットキャラクターです。

わたしは開催の前年にＰＲの依頼を受けましたが、計画されているイベントの内容を知って愕然としました。まさに、知だらけなのです。まるで歴史セミナー、あるいは歴史学者が集まる学会のようなコンテンツがズラリと並んでいて「こんな小難しいイベントに、どうやって客を呼べというのか⁉」と頭を抱えてしまったのを覚えています。しかも、女性や子ども向けのコンテンツはほぼ皆無という状況でした。

そもそも、彦根城を知の側面だけからアピールしようとすると、どうなるか。彦根城は幕末の大老・井伊直弼の居城だったのです。そして、井伊直弼といえば、安政の大獄で吉田松陰をはじめとする倒幕派の大物たちを次々と処刑し、最後には自身も桜田門外の変で暗殺された人物。シャレではなく、本当に血だらけになってしまいます。「知」で彦根城を主役とする博覧会を企画すると、どうしても地味で小難しいものになってしまうのです。

「国宝・彦根城築城４００年祭」のイベントを企画した、主催の彦根市の担当者も意図的にイベントを地味に仕立てたのではなく、彦根城を主役にしなければと考えた結果、いつのまにか小難しくなってしまったのだと思います。

しかし、客観的に見ると「なんでこんな地味なイベントばかり企画するの？」と思ってしまう。そこで、彦根市のイベント企画を俯瞰的に見ていた滋賀県が業を煮やして、わたしに「博覧会に観光客がたくさん来るようなＰＲを」と依頼したのです。

そんなときに、すでに地方博のマスコット・キャラクターに決まっていたひこにゃんが、わたしの視界に飛び込んできました。

「これしかない。このキャラクターを前面に出して、女性たちの母性本能に訴えるＰＲ戦略でいこう」

まさに即決でした。お城の築城四〇〇年を記念したイベントなので、どうしても歴史を語る必要があり、難しい内容になるのは仕方ない。ゆるキャラのかわいいマスコットで人々の注目が集まるポイントをズラそう。そう考えたのです。

そして、この戦略は、知に偏っていたイベントを、情に訴えるものへと転換するものでもありました。その結果、八カ月の開催期間中に二四三万人が彦根市を訪れ、イベントは大成功となったのです。

これは前著『ブームをつくる／人がみずから動く仕組み』でも述べたことですが、わたしは二〇〇万というのを日本国内におけるＰＲ効果の臨界点と考えています。二〇〇万という数字を超えれば、ＰＲのプラン自体が生命を得たように、連鎖的に人が動いていくようになる。ひこにゃんが契機となって日本全国でゆるキャラ・ブームが起こったことも、その一例と言えます。

ヴィジュアルの重要性

わたしがニュースリリースを作成するとき、情に訴えかけることと同時に意識しているのは「ヴィジュアルを重視する」ということです。

情に訴えるということは人間の本能に呼びかけるという意味ですから、論理的な認知を超えたヴィジュアルを通じてアピールするというのも情→意の働きかけを狙ったアプローチと言えるでしょう。

ここで思い出したいのは、宮本武蔵が『五輪書』を「霊巌洞にこもって書いた」というエピソードです。このエピソードの効用については、すでに述べましたが、『五輪書』

を執筆する武蔵の姿が映像として脳裡に浮かび上がってくるはずです。じつは、この映像が『五輪書』が読み続けられ、武蔵が剣豪として神格化される上で大きな意味を持っています。そして、このことは、ニュースリリースを作成する上でも非常に重要なヒントとなるのです。

ニュースリリースを作成しながら「これで、本当に情に訴えられるだろうか?」と疑心暗鬼になったら、そこに書かれている文章を読んで映像が頭に浮かぶかどうかを考えればいい。もし、浮かんでこなければ、そのニュースリリースは、まだまだ知偏重から脱していないと言えるでしょう。

もちろん、映像が脳裡に浮かぶような文章を書くというのは簡単なことではありません。しかし、現代には武蔵の時代にはなかった写真も、また動画もあります。

それらを駆使して、ヴィジュアルに、より多くの人の本能に訴えかけるニュースリリースを作成することができるはずです。重要なのは、文章でも映像でも、現在進行形の姿を伝えることが人間の脳にヴィジュアルに記憶されるものになるということです。

武蔵の「霊巌洞にこもって書いた」というエピソードも、言葉は過去形であっても

『五輪書』を執筆中の彼の姿が思い浮かぶはずです。また、先に挙げたユニセフのテレビCMの「時間がありません」というナレーションも、時計の秒針がチッ、チッと進んでいく光景をイメージさせるでしょう。

食べものを紹介するニュースリリースなら、使う写真は、その商品を食べる一秒まえに写したものが最適だといわれています。まさに、これからそれを食べようとする現在進行形。言うまでもないことですが、食べ残しのような冷えた写真では、せっかくのヴィジュアル要素をニュースリリースに盛り込んでも効果は薄いと言えるでしょう。

そう考えれば、文章で現在進行形を表現することも少しは簡単になるかもしれません。それを読む人が、いま、一歩を踏み出せば新しい価値に触れることができる。そんな臨場感を醸し出すことが肝心です。絶対にやってはいけないのは、新しい価値の側に立って「こっちに来るといいことがありますよ」「来ないとダメですよ」という知偏重のニュースリリースにしてしまうことです。

自信を持つことが「情」を活性化する

価格競争をしない、つまり基本的に値引きはしないという商品は、言うまでもなく売り手が自信を持つ商品だからこそ、そういった販売戦略を採用しています。先に挙げたイタリア製のコーヒーメーカーは、その典型的な例で、消費者の情に訴えて消費行動を起こさせるものです。

それと正反対の例が、ミニ東京化している地方都市のデパートでしょう。自信がないから「東京はすばらしい、進んでいる」という知の領域の認知だけを頼りに「これが原宿の最新ファッション！」といった売り場作りをしている。つまり、情の部分に訴える情報発信をするには、自分たちの商品やサービス、またブランドに対する自信が不可欠だということです。

自信を持たなければ、どんな試みも成功しません。自信を持たずに始めたプロジェクトが望外の成果を収めたとしても、それは成功ではなく偶然に過ぎません。しかし、すでに述べた通り、現在、日本の地方が自信を失っているのは紛れもない事実です。では、どうやって自信を取り戻すか。第二章で述べたことの繰り返しになりますが、自分たちの郷土史を振り返ればヒントが見つかるはずです。

自信とかプライドというものには、結局のところ歴史以外に担保となる裏づけはないのです。

そして、自信を取り戻せばイタリア製コーヒーメーカーのような手法でPRを展開して、情に訴えかける商品やサービスを販売するチャンスが必ず訪れるはずです。

第四章　歴史を活かすＰＲの本質とコツ

FCバルセロナに長年スポンサーがつかなかった理由

「はじめに」でスペイン・カタルーニャ州の独立問題に触れましたが、その州都・バルセロナをホームとするサッカークラブ「FCバルセロナ」のユニフォームには、クラブの創設から一〇〇年以上もの間、スポンサーのロゴが入っていませんでした。

二〇〇六年から二〇一一年の五年間はユニセフのロゴが入っていましたが、これはクラブ側がユニセフに年間一五〇万ユーロの寄付をしてロゴの使用権を得ていたもので、スポンサーではありません。プロサッカーの世界では一九八〇年代頃からユニフォームにスポンサー企業のロゴを入れて広告収入を得ることは常識で、クラブ経営の貴重な財源にもなっています。

それなのに、いったいなぜ?

その理由こそが、カタルーニャ州独立の気運が高まる背景にある、首都・マドリードとバルセロナの積年の対立感情なのです。FCバルセロナには現在、アルゼンチンが生んだ天才リオネル・メッシが在籍していますが、マドリードをホームとする「レアル・

マドリード」も多くのスター選手を擁し、両チームは熾烈《しれつ》なライバル関係にあります。そして、これはマドリード（カスティーリャ）とバルセロナ（カタルーニャ）の歴史的対立の代理戦争とも言えるものです。

もちろん、FCバルセロナがユニフォームにスポンサーのロゴを入れなかった背景には、やはり「独立」というクラブの理念もあります。しかし、それ以上に単純明快なマーケティング上の理由が存在しました。

たとえば、あなたが某大企業の宣伝担当で、FCバルセロナとスポンサー契約を結ぶチャンスを得たとしましょう。もし、カタルーニャの郷土史を知っていなければ「あのメッシが着るユニフォームに我が社のロゴが入る。世界中の注目が集まるぞ！」と全社を挙げて歓喜するかもしれません。

では、スポンサー契約によって業績は伸びるでしょうか。むしろ逆に、あなたの会社のロゴの入ったユニフォームを着たメッシが活躍すればするほど、カタルーニャ以外のスペイン各地、特にマドリードでは、あなたの会社の製品がまったく売れなくなるという事態に直面するはずです。そして、スポンサー契約の担当者である、あなたの社内での立場も危うくなる……。これは、郷土史という名の情報がビジネスの世界でも死活問題に直結していることを示すケース・スタディです。

そのFCバルセロナのユニフォームには現在（二〇一七年〜）、日本の企業・楽天のロゴが入っています。これは、どういうわけか。楽天の担当者がカタルーニャの郷土史を知らなかったわけではありません。むしろ、FCバルセロナのスポンサーとなることでマドリードでは楽天サイトを利用する人が減ることは、しっかりと想定済みだと思います。それよりも大きなメリットがもたらされることを計算した上でのPR戦略と言えるでしょう。

楽天は、国境のないネットの世界で通販の仲介をするグローバル企業です。そして、FCバルセロナも、マドリードでは徹底的に嫌われていても全世界に多くのファンを持つメガクラブです。

グローバルなマーケティング戦略で考えれば、マドリードで顧客を失うデメリットよりも世界的に大きなメリットがあると判断してFCバルセロナとスポンサー契約したことと考えられます。たとえば、メッシの母国・アルゼンチンでは、楽天の知名度が上がって利用者も増えるでしょう。グローバルな視点で見れば、仮にカタルーニャ以外のスペイン全土を敵に回しても、小さなデメリットに過ぎないということです。

「フルーツパフェの街 おかやま」が奏でる郷土のハーモニー

わたしは、地域のPRに長年にわたって携わってきました。そのため、郷土史の視点からの配慮が足りず、つまり事前の見える化作業が不十分であったために犯してしまった失敗や苦労話も山のようにあります。この本の冒頭で紹介した「長野・おやき事件」もそのひとつですが、ここでは、さらに具体例を紹介しながら郷土史の重要性を考えたいと思います。

岡山商工会議所は数年前から、「晴れの国は、フルーツ王国！／フルーツパフェの街おかやま」というPRを展開しています。温暖で日照時間も長い岡山県は、全国でも有数のフルーツ王国です。特にマスカットは全国の約九割が岡山県産。ほかにもモモ、ナシなどが全国でも高いシェアを占めています。そういった地域ならば、王道のPRとしては「オール岡山のフルーツパフェを作って、観光客を誘致しよう！」と考えるのは、ある意味で当然の発想とも言えるでしょう。

わたしは、地方に観光客を呼ぶ際の有効なツールがふたつあると考えていて、そのひとつがグルメ。もうひとつが歴史スポットです。

「オール岡山のフルーツパフェ」の場合は、PRプロジェクトの過程で〝岡山県の郷土史を学ぶ旅〟とも言える発見と調整が必要でした。どんな調整が必要だったかと言えば、フルーツは当然、品目によって産出地域が異なるもの。そして、すでに長野県や愛知県の例を挙げたように、岡山県にも県内の地域間で対抗意識やライバル感情がある。つまり「うちのブドウを、あそこのナシと一緒にするのはイヤだ」「うちのモモと組み合わせるなら、あそこのナシがいい」といった各地域ごとのプライドがあったのです。

しかし、商工会議所の方々の尽力によって、オール岡山とはいかなくても、岡山市街地のカフェやレストランがそれぞれの強みを活かしたフルーツパフェを販売するという「ウィン×ウィン」のビジネススタイルが定着していったのです。それぞれのプライドとライバル意識を尊重しながら地域活性化に成功した好例と言えるでしょう。

全国レベルで地域間の利害調整を郷土史の知識を背景に的確におこなったカミソリ後藤田の話は「はじめに」で紹介しましたが、わたしが彼の偉大さを痛感したのは、まさに、この岡山商工会議所の取り組みを通じてでした。

人間が食べて「おいしい!」と感じるものは、すべてハーモニーによって成り立っています。それは、海と山の食材を組み合わせたり、調味料の配合といったことだけでなく、たとえばブドウの実ひとつをとっても太陽と大地と水の恵みがハーモニーを奏でているように、普遍の真理と呼べるものだと思います。そして、フルーツパフェというのは、まさにハーモニーを味わうための食べもの、その代表格と言えるでしょう。

じつは、わたしとしては「これも加えたら、もっとおいしくなる。そして、観光客もさらに呼べる」と考えている食材が、まだまだ岡山県内に数多く存在しています。岡山の郷土史をさらに理解すれば「オール岡山のフルーツパフェ」はより深く進化すると感じているのです。

ライバル意識を逆利用して成功へ

福岡県の北九州市も、同じ県の福岡市に対して強烈なライバル意識を持っています。わたしは一九九〇年代に、主に大正時代の建造物を利用した観光スポット「門司港《もじこう》レトロ」や、テーマパーク「スペースワールド」がオープンした際のPRを担当して以来、北九州市とは良い関係で仕事をさせてもらっていますが、ここの場合は逆にライバル意識を巧く利用したPR展開ができていると思います。

では、北九州市が福岡市に対して持つライバル意識の根底にあるのは、なにか。それは「日本の製鉄業をリードし続けてきた」という自負です。一九〇一年、この地で八幡製鉄所（現在の日本製鉄）が操業を始め、日本最大の製鉄会社に成長しました。そして、富国強兵政策を推し進めた明治維新後の日本で、「鉄は国家なり」といわれていたのです。

わたしがPRに関わった「門司港レトロ」も、鉄鋼業の最盛期に外国との貿易で栄えた港の面影を現在に伝えるものです。日本の重工業の中心地・北九州には一九二二年に物理学者アルベルト・アインシュタインも訪れていて、これも北九州市民の自慢のひとつ。そして現在も、航空会社「スターフライヤー」の本社は北九州市に置かれています。ライバル・福岡の空港は近年、韓国・台湾・中国などの航空会社が多く乗り入れ「アジアの玄関口」として注目を集めていますが、福岡市も航空会社までは持っていません。これも、北九州市の自信と福岡市に対する競争意識の表れでしょう。

ちなみに、福岡市内にも「博多部」と「福岡部」の間にライバル感情が存在しています。前者は商人の街で、また、有名な「博多どんたく」は福岡ではなく博多のものだという自負があります。いっぽう後者は、武士の街として政治をリードしてきたプライドを秘めている。

まさに、郷土史を背景とした地域間の対抗意識・ライバル感情はマトリョーシカ人形のようです。さらに掘り下げていけば、小さな村のなかにもA家とB家という有力一族がいて、A家のなかでも本家と分家は仲がわるいとか、そんな情報にも出くわすはずです。

さて、北九州市と福岡市のように熾烈なライバル感情が存在する場合、敢えてそれを全面に出したPRが大きな反響を呼んだケースは、数多く存在します。前述のFCバルセロナとレアル・マドリードの試合はクラシコ（伝統の一戦）と呼ばれ、約一〇万人を収容するスタジアムが観客で埋め尽くされるのです。また、日本のプロ野球で伝統の一戦といえば、ジャイアンツとタイガースの試合を指しますが、その盛り上がりの背景にあるのも、東京と大阪のライバル関係です。

もちろん、こうやってライバル関係をPRに活かすためにも、郷土史の情報をしっかりと頭に入れておく必要があるのは、言うまでもありません。

「ひこにゃん」は、なぜ白猫なのか

先述した「ひこにゃん」のPRは、二〇〇七年に築城四〇〇年を迎えた彦根城の記念イベントの集客を目的に仕掛けたものです。このPRの成功をきっかけに全国レベルで〝ゆるキャラ・ブーム〟が起きたことは、ご記憶の方も多いと思います。

しかし、ゆるキャラ・ブームにばかり世間の注目が集まり、わたしがひこにゃんに仕掛けた郷土史目線のＰＲ戦略に気づいてもらえていないとしたら、少し残念です。

ここでも、まず彦根城がある彦根市と、滋賀県全体の歴史的・文化的構図を確認しておく必要があります。

滋賀県といえば、琵琶湖。この大きな湖を中心に、滋賀県は大きく四つのエリアから構成されていると言えます。

まず、琵琶湖の西岸に位置する大津市を中心としたエリア。ここは、京都に近いという地理的条件から〝雅な文化〟が根づいています。二〇〇四年にわたしも「源氏物語を生んだ風流の原点へ、〝大津・古都はじめの旅〟」と題したＰＲを手がけています。『源氏物語』は、作者・紫式部が現在も大津市にある石山寺の観音堂に七日間こもって物語の着想を得たと伝えられているのです。

琵琶湖の北部、長浜市を中心としたエリアは、商人の街と言えます。滋賀県といえば近江商人が有名ですが、ヤンマーディーゼルを創業した山岡孫吉も長浜市の出身。わたしも「黒壁の町と名水の里を訪ねて、秋の湖北ロマン紀行」というＰＲを手がけました。

また、現在の滋賀県は一八七二年まで大津県と長浜県に分かれていました。

滋賀県の東南端に位置する甲賀市は、言わずと知れた忍者の里。「気分はサスケ『甲賀忍者』&『信楽焼』炎のドラマ」というPRを手がけています。ただし、琵琶湖の南岸でも西のほうは、水上スキーなどのウォータースポーツが盛んなエリアです。

では、ひこにゃんのホーム、琵琶湖の東に位置する彦根市はというと、ここはやはり国宝・彦根城を中心とした武士の街です。ですから、ひこにゃんは猫でありながらも立派なサムライなのです。ひこにゃんは兜をかぶっているので、サムライであることは知られているでしょう。また、その兜が赤である理由が、彦根城の城主だった井伊家の「赤備え」に由来していることもご存知の方がいるかもしれません。

では、ひこにゃんは、なぜ白猫なのか？　これは、彦根の郷土史を詳しく調べないと、わからないはずです。

彦根藩の第二代藩主・井伊直孝（一五九〇〜一六五九年）が、鷹狩りに出た帰途のこと。ある粗末な寺の前を通ると、一匹の白猫が直孝を手招きしていました。そして、誘われるままに直孝が寺のなかに入るのを待っていたかのように、驟雨がやってきたのです。白猫が雨から救ってくれた。そうとしか思えませんでした。その後、この寺（豪徳寺）は直孝の寄進によって見違えるように立派になり、井伊家の菩提寺となったのです。

だから、ひこにゃんは白猫なのです。こういったディテールまで詰めておくことは、郷土史の視点でPRを展開する際には決して手抜きが許されない重大事です。宮本武蔵の章でもディテールの大切さは述べましたが、もし、ひこにゃんが三毛猫だったら、成功したはずのPRも失敗に終わっていた可能性があるのです。

自分を「見える化」できているか？

現在、地方の経済が長期凋落傾向にあるのはご承知の通りですが、なかでも地方都市のデパートは非常に苦しい状況に置かれています。本来ならば地方経済復興の核となってもいいはずの大規模商店が、凋落の象徴のように見えてしまうのは、なぜでしょう。その理由は、わたしの目には「自分の見える化ができていないからだ」と映ります。

つまり、地方都市のデパートは、その地域において自分たちが果たす役割をわかっていない。あるいは、間違った役割を演じようとして無駄な努力を続けているように思えてならないのです。

こういったデパートに行ってみると、そこは本来、それぞれの歴史的背景や文化を持つ土地なのに「そこだけが東京」といった印象を強く受けます。しかも、その印象は日本の北に行っても南に行っても変わりません。

「原宿で発売されたばかりの最新のファッションが揃ってます！」

そんなキャッチコピーが躍っていたりもしますが、東京のファッションが買いたければ東京へ行けばいいのです。また、いまの時代ならばネット通販も簡単に利用できます。ひと昔前ならそれが正しかったのでしょう。しかし、いまだに東京を向いて商売をしている。要するに、それぞれの地域の経済のために自分たちがなにをすべきかが、わかっていないのです。

東京でもデパートは苦戦していますが、そんななかで抜群の集客力を誇っているのが、全国各地の「駅弁」「うまいもの」などご当地グルメを一堂に集めて販売するイベントです。東京・新宿の京王百貨店では、毎年開催される「元祖有名駅弁と全国うまいもの大会」（およそ一四日間）で約六億円を売り上げ、同社のニュースリリース（二〇一八年一二月五日）にも「歴史、規模、集客いずれにおいてもナンバーワンを誇るイベントです」と記されています。

そして、これは京王百貨店にかぎった現象ではなく、東京をはじめとする大都市圏のデパートでは地方色を鮮明に打ち出したグルメ・フェアが高い集客力を示しているのです。そんな時代に、ただでさえ停滞している地方の経済圏で東京を意識したビジネスを展開することは、白昼堂々の逆走行為と言うほかはありません。

わたしは、現在のような状況で地方都市のデパートが担うべき役割は、まず地域のコミュニティを組織して活性化する中心的存在となること。そして、東京のデパートで地方色を打ち出したイベントが人気なら、そこに向けて自分の地域の名産品・グルメ・文化などの情報を発信していく役割を果たしていかなければ生き残りは難しいと考えています。

自分を見える化するということは、自分が所属しているコミュニティで役割を見つけてしっかりと担っていくことです。

そして、カミソリ後藤田が養ったという「地方から中央を見る目」とは、地方から中央に向けて自分たちの誇るべき情報を発信するのと同時に、その情報が中央さらにはグローバル・コミュニティにおいてどのように位置づけされているかを的確に見極めていてこそ、はじめて価値を持つものです。

ここまで述べてきたように、長野県内では長野市と松本市の間で対抗意識・ライバル感情がある。松本市で生まれ育った人なら、長野市に対して「負けたくない」という感情が芽生える情報を周囲のおとなたちから聞かされてきたことでしょう。しかし、それでは不十分。長野市と松本市の関係が、より大きな構図のなかでどういう意味を持つかを正確に把握してこそ、効果的なPRにつながる情報発信ができるのです。

国民国家という重しが外されようとしている現代のグローバル社会で、ローカル・コミュニティと世界の関係は、身体の細胞ひとつひとつと、それによって構成されているひとりの人間と同じであることが、いよいよ鮮明になっています。自分はどんな情報を発信するべきなのかも、見える化によって具体的に捉えていかなければなりません。

武将のＰＲ戦略と歴史を今に活かすために

郷土の武将や歴史に関する情報が頭に入っているか、どうか。また、その情報を正しい方向で利用できるかどうかで、それぞれの地域でのビジネスが成功するか失敗に終わるかが決まります。

では、そういった歴史の情報を、どうやって入手すればいいのか。残念なことに、歴史に関する情報はインターネットで検索しても有用なものはヒットしません。

そういった書籍類は全国規模の流通ルートには乗らないものが多いからです。ネットでなんでも手に入ると思っている方には、これは痛恨かもしれません。

しかし、本書はそもそも、インターネットもテレビもなかった時代に先人たちがどのようにＰＲを展開していたかを紹介するのが目的。ここは、やはり足を使って調べるという基本に返りたいと思います。そして、なによりも、わたしたち現代人はインターネットで簡単に入手できる情報にはウンザリしているということを忘れてはいけません。

あなたが、ある地域の営業を担当するとなったとき、まず足を運ぶ場所はどこですか？　もちろん、居酒屋で地元の人たちと仲良くなるのも、わるいとは言いません。しかし、わたしは、まず地元の図書館に行くことに決めています。それも、公立の中央図書館など、地域でいちばん大きな図書館に行くことをおすすめします。そこは、その土地を舞台としたビジネスに役立つ情報の宝庫と言えます。

まず、地元の中央図書館には全国規模の流通ルートには乗らないような、郷土史に関する資料が揃っています。県や市が発行した要覧から、地元の歴史家が書いた書籍まで、貴重な情報が眠っているのです。もちろん、その数は膨大で、どこから手をつけていいかもわからないのが普通です。

そこで役に立つのは、国書刊行会の『明治・大正・昭和　ふるさとの想い出写真集』シリーズと、郷土出版社の『目で見る１００年』シリーズです。どちらも明治維新以降の郷土史を写真集の形にしたもので、視覚的に地域の歴史を捉えることができます。

また、全国ほぼすべての地域がカバーされていて、前述した愛知県も名古屋を中心とした地域と三河地方に分けて発行されています。地元の図書館に行けば、歴史のコーナーに必ず配架されているので、ぜひ、手に取ってください。そして、そこに記されている郷土史を一通り読んで「これは、なんだろう?」と気になる情報があれば、それを詳細に解説した書籍に当たればいいと思います。

わたしも、難しい歴史書を読むのは苦手です。そこで、もうひとつ、おすすめしたいのが、地元紙。これも大きな見出しだけでも追っていくと、たとえば「○○で隣の市に勝った!」という記事に出くわしたりします。

たとえば、浜松（静岡）と宇都宮（栃木）が餃子で争っていることは全国版のニュースでも伝わってきますが、○○県のA市とB市が唐揚げで争っているなどという情報は、当該する地域の地元紙でなければ取り上げません。そして、そういったローカルな情報こそが、それぞれの地域でのビジネスに確実に役立つのです。

隠れた歴史を活かすために

ここまで述べてきたように、現在の都道府県という単位・行政区分は、はじめからひとつにまとまっていたわけではありません。

たとえば県の観光課などが旗振り役となって地域振興のPRを進める場合も、県内の各地域間のライバル感情が強過ぎると、県単位でひとつにまとまることができずプランが頓挫することもあります。

そうならないために、わたしは地元図書館での資料チェックと並んで、県庁の位置を必ず確認するようにしています。たとえば、県庁がかつて城があった場所にそのまま建っているような県は、中央集権的に県庁がリーダーシップを示す傾向が強いのです。

福井県庁は、まさに城の濠の内側に建っていますが、こういうケースは各地域間の調整も巧くいく可能性が高いと考えられます。また、群馬県庁も、かつての前橋城があった場所。群馬県のPRを手がけた経験から言っても、県が主導して仕事がスムーズに運んだ印象があります。

静岡県は東西に長く、東端と西端では文化面でも違いが大きいため、企業が新商品を発売する際には、ここでテスト販売をします。「静岡で売れれば、全国で売れる」というわけです。

そして、この多様性豊かな静岡の県庁は、かつての駿府城の向かいに建っています。

では、中央集権的と言えるでしょうか。答は、イエスでしょう。その背景には南海トラフを震源とする大地震の脅威に直面しているという事情もあるでしょう。大規模な改修工事を含む防災の必要性などから、中央集権的に県が強いリーダーシップを発揮する体質が根づいているのだと思います。

中央集権と言いましたが、べつの言い方をすれば「官と民の関係」と言えるでしょう。そして、官が強ければいいというわけでもありません。もし、民の声が強く反映される県ならば、それにフィットした仕事の進め方があるということです。ただし、そうした際にも、そういった民の声の背景にあるものがなにか、しっかりと確認しておかなければなりません。

第五章　武将のＰＲ戦略を未来に活かす

二〇二〇年・東京五輪、二〇二五年・大阪万博に向けて

二〇二〇年には東京でオリンピック・パラリンピック、二〇二五年には大阪で万国博覧会が開催されます。

当然、多くの外国人旅行者が日本を訪れて、さらなるインバウンド効果が経済の大きな刺激となるでしょう。そのとき、それぞれの地域から発信するPRを通じて外国人旅行者を地方へと呼び込み、どれだけの経済効果を生み出せるか。疲弊している中小企業や地方の経済に、どれだけの活力を与えられるか。それこそが、これからの国際社会に対する日本のPR戦略において非常に大切な課題だと思います。

ここで思い出してもらいたいのは、第二章で解説した近代オリンピックや万国博覧会といったフランス人の考案によるイベントや、第四章で紹介したデパートの全国駅弁フェアの成功例です。個々のアイテムが持つ価値を、さまざまな地域から集めた同種のアイテムと一緒にアピールすることで新たなブランドを確立することに成功しています。

べつの言い方をすれば、ひとつのアイテムが持つ価値は小さくても、多くの仲間が集

まることで価値が増幅しているのです。つまり、重要なのはネットワークと言えるでしょう。

現代はグローバリズムの時代といわれながらも、実態は一部の大資本に富が集中していく構造になっています。しかし、本来は水平なネットワークによってヒト・モノ・カネが自由に行き来するのがグローバリズムのはずです。

フランス革命では、フランスの首都・パリではなく、地方都市・マルセイユの連盟兵が先鋒となってパリ入城の際に大きな役割を担いました。だからこそ、現在のフランスは「ラ・マルセイエーズ（マルセイユの歌）」を国歌としています。また、現代中国の建国の父・毛沢東（一八九三〜一九七六年）は、「農村が都市を包囲する」をスローガンに最長約一万二五〇〇キロメートルを徒歩で移動する「長征」を敢行し、一九四九年に中華人民共和国の成立を宣言したのです。

地方からのムーブメントが新たな時代・新たな価値観を築いた例は、世界史をひも解けば数多く見つかります。いや、世界史を持ち出すまでもないでしょう。日本の明治政府を作ったのも、薩長連合でした。

わたしは、これまで多くの地域PRに携わってきました。ひこにゃんのように大きな成功を収めた例も少なくありませんが、それらは単発のヒットで、日本の各地域をネットワークして新たな時代を切り拓くという到達点には遠く及んでいないのが現状です。

では、各地域をネットワークして、新たな時代を切り拓くにはどうすればいいのか。

そのヒントも、歴史に隠されています。

天下人などの権力者に対しても面従腹背《めんじゅうふくはい》な戦国時代の武将たちを動かすことは、至難の業であったと言えるでしょう。しかし、権力も武力も持たないある人物が、そんな武将たちを自在に操っていました。そこには彼の緻密なPR戦略がありました。そして、その戦略は、現代日本で各地域をネットワークする上でもおおいに有効なものです。

千利休が切腹した本当の理由

その人物とは、茶聖・千利休。戦国時代に織田信長と豊臣秀吉の茶頭《さどう》を務め、現代の茶道につながる「わび茶」を完成させた日本を代表する文化人です。しかし、いっぽうで利休は秀吉から切腹を命じられたことでも知られています。

武士でもないのになぜ切腹を命じられたのか。理由は諸説あり、未だに謎めいていますが、PR視点で考えれば、利休が武将たちの信頼を集め、緊密なコミュニケーションを図っていたことが秀吉の脅威と化したという説がもっとも理解できます。権力者にとって、自分よりも求心力の強い人物は脅威以外の何ものでもないからです。

では、なぜ利休は武将たちの信頼を集め、操ることができたのでしょうか。それはズバリ、茶の湯があったから、と断言できます。なぜなら、茶の湯をはじめ日本文化には、人の情をゆさぶる力があるからです。

第二章で述べたように、人間は「情」で動くとわたしは考えています。茶の湯は日本文化の中枢といわれるように、人のDNAに響くほど情をゆさぶるパワーを秘めているのです。茶室の静けさ、湯が沸き立つ音、抜ける風、それらは自然の豊かさが醸すものであり、人の本能に直接届くものばかりだからです。そして、血煙のなかで生きていた戦国時代の武将たちこそ、こういった静けさを求めていたはずです。

その上、千利休には陰陽師の素養もあったといわれるほどの説得力やコミュニケーション力がありました。つまり、茶の湯で情を刺激され、自然に心を委ねているなかで、武将たちは千利休の説得力あふれる話を聞いたのです。それが両者の間に揺るぎない信頼関係を築いたことは、むしろ自然なことと言えるでしょう。

そしてこの千利休のPR戦略はそのまま現代の地域間ネットワークにも、さらには、国家間のコミュニケーションにも活用することができるのです。

日本文化で世界の「情」をつかむ

ところが日本人はなぜか、日本文化を重要なコミュニケーションの場に活用しようとはしません。これは、世界とのコミュニケーションの場である外交の実態を見ればよくわかります。

もちろん、まったく国際社会とのコミュニケーションに日本文化を活用していないとは思ってはいません。国賓の接待では、シンガポール大統領が二〇一六年に来日された際に京都の裏千家で茶の湯でもてなしました。ただ現在、記録に残っているのはそれくらいで、大半の国賓接待は東京の近代的な雰囲気で行われることが多く、日本文化に触れるのは和室での会食や寿司などの和食や相撲観戦程度で、本格的な日本文化を国際コミュニケーションに活用した例はほとんど見当たらないのが実状です。

しかし、外国人は日本文化が大好きです。京都に外国人観光客があふれているのが、なによりの証拠。世界遺産の二条城や清水寺に行くと、日本語よりも英語や中国語ばかりが聞こえてきます。これは、わたしたちが外国に行ったときに、その国の伝統文化に触れたいと思うのと同じこと。フランスではルーブル美術館、イギリスではバッキンガム宮殿、ルーマニアではドラキュラ城として有名なブラン城に行ってみたい。そのような思いを抱くのは当然で、現地ではそれを見透かすように、本格的な現地の文化が体感できるスポットへわたしたちを案内してくれるのです。

それなのに日本人は、日本文化よりも相手の国の文化を尊重した接待を重視します。二〇一七年にアメリカのトランプ大統領が来日した際にもハンバーガーの接待をし、二〇一九年にドイツのメルケル首相が来日した際には、ＡＩの先端技術施設へ案内しています。このようなもてなし方が悪いとは言いません（トランプ大統領は「なぜ、日本まで来てハンバーガーを食べなければいけないんだ?」と思ったかもしれませんが)。ただ、日本人の情、つまりアイデンティティともいえる文化をしっかり示すことにあまりにも無頓着のような気がするのです。

これは第二章でも述べたとおり、日本人の自信の無さが原因といえるでしょう。せっかく日本を訪れた国賓に対して、まず自分たちのアイデンティティである日本文化でもてなすよりも、相手に合わせようとしてしまうのです。わたしは、この日本人の自信の無さを克服するためにも、日本文化に自信を持ち、自分たちのアイデンティティを示しながらコミュニケーションを図ることがもっと必要だと考えているのです。

戦国時代の武将たちの心をつかんだ千利休の茶の湯は、世界の人々にも日本人の「情」を伝え、心をつなぐ一助になるでしょう。また、室町時代、応仁の乱に苦しむ人々の心を癒した華道も、花が持つ世界共通の癒し効果を背景に、命と自然を表現する日本固有の精神文化を世界の人にわかりやすく伝えて共感を呼ぶでしょう。コミュニケーションの第一歩は、相手の心を開かせること。情に訴える日本の伝統文化は、そのためのツールとして間違いなく有効です。

新元号「令和」に込められたPRの極意

二〇一九年五月一日、新天皇が即位され、元号が「令和」に改められました。

令和には「人々が美しく心を寄せ合う中で、文化が生まれ育つ」という意味が込められています。これは、この本でもすでに紹介したように、わたしが常々考えているPRのコンセプトそのものなので、とても驚きました。もしかしたら「令和」は日本人がPRに目覚める時代なのかもしれない、と思ったくらいです。この意味は、PRイベントに照らすとよくわかります。

代表的な事例がわたしが一九九五年に仕掛けた「今年の漢字」です。当時は馴染みのなかった「漢字検定」の受検者を増やすために、漢字が「古い、ダサい」と嫌われていた風潮を変えようと、ふたつの視点を重視して企画しました。

ひとつは、誰もが一年を振り返る年末に焦点を絞り、全国公募で「世相漢字」を決める一般参加型イベントにすること。これは、ひとりでも多くの人が漢字に関心を持つ機会を作ることが目的です。ふたつ目は、誰もが日本文化を感じる京都の清水寺で発表すること。国民が心を寄せ合った漢字のお披露目にふさわしい場所と考えたからです。

目論見は見事に当たりました。というより、当初は一度きりで終わるはずだった企画が翌年も、その次の年もと回を重ね、現在では年末の風物詩として定着しています。

その過程で多くの人々が「古くさい」と嫌っていたはずの漢字で自分の想いを表現するようになりました。「漢字」と「清水寺」という美しい日本文化に人々が心を向けた結果、「自分の想いを漢字一字で表現する」という新しい文化が生まれたのです。つまり、令和という元号の意味を、見事に具現化したのです。

また、伝統産業に人々が心を向けた結果、新しい文化が生まれた例もあります。

二〇一四年、わたしは畳の復興を目的に「畳寺」の異名をもつ京都の清浄華院《しょうじょうけいん》で「畳供養」を仕掛けました。畳の需要は半世紀で三分の一にまで落ち込んでいましたが、日本文化の側面から光を当て、長年使った畳に感謝を込めて焚き上げることで、畳の魅力の再確認を促そうと考えたのです。

この取り組みは、うれしい効果を生みました。日本文化としての畳は人々の共感を呼び、次々と協力者が現われたのです。まず、京都府や京都市など地元の自治体が後援につきました。ホテルや観光案内所も畳供養のPRに協力するようになり、畳供養を中心としておこなわれる「畳まつり」は、いつのまにか新しい京都の風物詩と認識されるようになりました。

さらに、畳まつりの会場でお茶の接待を申し出る団体や、オリジナルスイーツを提供する菓子メーカーも現れ、会場の清浄華院も「畳まつり限定のご朱印」を作ってさらなる話題を提供するようになりました。こうなると、観光客が放っておきません。畳祭りに参加する観光客は増え、ついに海外メディアも取材に来るようになったのです。畳に人々の心を向けさせた結果、「畳観光」という新しい文化が生まれたのです。

新元号はこれからの日本人にPRの効果的な手法を示唆し、積極的なコミュニケーションを促しているのかもしれません。だからこそ日本文化を活用して、世界各国と「情」で交わる関係を築いてほしいと願ってやまないのです。

歴史をヒントに自分たちの居場所を探す

これからは社会における自分たちの居場所を見つけ、そこで求められる役割を忠実にまっとうすることが、生き残るための道であることも意識することが必要です。考えてみれば、難しいことではありません。本書の第一章では「見える化」の重要性について述べましたが、見える化は社会における自分の居場所を見つける手段であるとも言えます。

では、どうやって居場所を見つけるか。そのヒントは、やはり、歴史にあるのです。自分たちの土地が、歴史的にどうやって現在のポジションを確立していったか。そして、それに対してどんな時代の風が吹きつけ、現在の苦境に陥っているのか。歴史の意味することをひも解きながら、先人たちの叡智と勇気、苦悩と努力を再認識すれば、未来を切り拓くためのヒントがきっと見つかるはずです。

第二章で日本酒ブームの潜在的危機を取り上げました。フランスが伝統的手法で日本酒も自分たちのコントロール下に置こうとしていることに対し、日本の蔵元たちが「ジャパン・ブランド」を過信している例を紹介したわけですが、じつは日本酒をジャパン・ブランドと考えることも必ずしも正確ではありません。

日本酒の醸造は杜氏《とうじ》と呼ばれる頭領の差配によって進められますが、この杜氏職は酒造メーカーの社員ではなく、現在の兵庫県の丹波・篠山《ささやま》地方など特定の地域の農民が冬の出稼ぎとして全国の酒蔵に赴いて就くケースが多かったのです。丹波杜氏の歴史は、同地が京都の奥座敷と呼ばれ、御所においでの天皇に献上する日本酒を造っていたことから始まるといわれます。日本酒に与えられる内閣総理大臣賞は国内では最高の栄誉と言えますが、この賞を複数の酒蔵で杜氏を務めて受賞した方が丹波・篠山地方には多く存在します。

世界に目を向ければ、バチカン（ローマ教皇庁）の衛兵は歴史的に、そして現在もスイス人です。また、英陸軍ではネパール人のグルカ兵で編成される部隊が勇猛果敢なことで知られています。それらと同じように、日本各地の多くの酒蔵の杜氏も丹波・篠山の出身者によって担われてきたのです。

いま、世界で注目を集めている日本酒（ＳＡＫＥ）は、そもそも日本のなかの一ローカルである丹波・篠山の杜氏たちによって、たしかな味を裏づけとするブランドを確立してきたと言えます。それなのに、パリでフランス人が開催する「Kura Master」で自分の蔵の製品が高い評価を得たといってよろこび、いっぽうで「外国人には本物の日本酒は造れない」と言う。そこで良質のコメ・水・麹などの原材料が入手できて、優秀な丹波・篠山の杜氏たちが行けば、どこででも、おいしい日本酒は造れるという歴史的事実を忘れているのです。

もし、丹波・篠山の杜氏たちがブルゴーニュに行って世界最高のSAKEを造れば、それこそがグローバリズムの具現化と言えるでしょう。本書を通じてグローバリズムと歴史の関係について繰り返し述べてきましたが、真のグローバリズムは地方からの情報発信によって完成するのです。

おわりに

「一引き　二運　三器量」という言葉をご存知でしょうか。

これは江戸時代、江戸城の大奥に入り側室を目指そうという女性たちに「どんなに器量がよくても、引いてくれる人と運がなければ将軍の側室にはなれない」と諭した教えです。わたしはこの言葉こそ、いまの日本に必要な教訓だと考えています。

なぜなら日本人は三の「器量」ばかりに気を取られ、一の「引き」、二の「運」を忘れがちだからです。このままでは、どんなに素晴らしい潜在的能力を持っていても、誰にも認められず日の目を見ないまま消えてしまうでしょう。

その背景には、高度経済成長期に「ジャパン・アズ・ナンバーワン」と呼ばれる成功を築いた「ものづくり日本」の歴史があります。

当時、日本の工業製品は高性能・低価格で世界のマーケットから大きな評価を得ていました。また、その根底には、日本の産業構造（日本企業の九九・七％が中小企業）という現実があります。この中小企業の優秀さ（すぐれた技術と誠実さ）が日本の高度経済成長を支えてきたのですが、日本の経済が成長期から成熟期に移行し、新興工業国との価格競争に終止符を打って独創的な価値を持った製品で勝負すべき状況になっても、下請けが大企業を支える産業構造に変化は見られません。

相変わらずトップダウン式の大量生産で、日本とは比べものにならないほど安い人件費で作られる新興工業国の製品と勝ち目のない価格競争を続けています。中小企業の側からすれば、大企業の傘下に入っていれば安心という考えもあるのでしょう。しかし、その大企業も、このままでは世界のマーケットで生き残ることは難しい。台湾の企業に買収されたシャープ、深刻な経営危機に直面している東芝が、それを証明しています。

いま、インターネットの影響で国境を越えたコミュニケーションがビジネスにも日常生活にも浸透しています。海外の企業とメールで商談したり、SNSで外国の友人を増やすことも、スマートフォンがあれば瞬時に可能です。そんな時代に「器量」ばかりにこだわっていては、世界に取り残されることは火を見るより明らかです。ビジネスでも、日常生活でも、「引き」と「運」をしっかりと視野に入れて自分の進路を選択することが求められる時代。そして、「引き」と「運」をつかむための活動がPR(パブリックリレーションズ）の本質なのです。

このような日本の現状を傍目《はため》に、わたしはずっと歴史上の人物をＰＲ視点で見る努力を重ねてきました。なぜならば、本書の冒頭でも触れたように現在の日本で王道とされるＰＲ理論は多くの人種が集まったアメリカ合衆国で生まれた異文化コミュニケーション論であり、日本人の多くがＰＲに目覚めても本質的には馴染まないものだからです。

そのいっぽうで、歴史上の人物をＰＲ視点から探っていくと、日本人の価値観にピッタリと合うＰＲの手法が山のように見つかります。そう、テレビもインターネットもなく、電気すら通っていなかった時代に、日本人のためのＰＲ戦略が隠されていたのです。わたしは、そんな歴史上の偉人のＰＲ戦略に夢中になり、これまでに五〇を超すＰＲの例を歴史のなかから発見しました。

ただ、これらは一般的な歴史観とは異なる部分も多く、世間に発表する機会はなかなか巡ってきませんでした。ようやく、二〇一五年九月から二〇一七年八月までの二年間、『日経ビジネスオンライン』などのネットコラムに連載させていただき、大きな反響を得ることができました。

本書は、その内の一部の武将のPR戦略をピックアップしてさらに掘り下げ、現代社会への活用の仕方も含めて、読みやすくまとめたものです。本書を読むことで、PRを「大企業がやること」「おカネがかかりそう」と避けていた日本人も、PRの可能性に気づいてくれると確信しています。

最後になりましたが、この本のために多大なご尽力をいただいたワニブックスの内田克弥さん、フリーライターの田中茂朗さん、アップルシード・エージェンシーの宮原陽介さん、そして、わたし独自の歴史観にご注目いただき、ネットコラム連載に導いてくださった日経BP社の酒井康治さん、坂巻正伸さんに心より御礼申し上げます。本当にありがとうございました。

「令和」の時代になってすぐ、日本では東京五輪や大阪・関西万博が開催されます。世界の注目が注がれるなか、この本が、日本人の新しい飛躍の一助となることを心より願っています。

二〇一九年（令和元年）六月

殿村美樹

参考文献

保阪正康著『後藤田正晴／異色官僚政治家の軌跡』（文春文庫）
後藤田正晴著『情と理／後藤田正晴回顧録　上・下』（講談社）
渡邊大門著『戦国大名の婚姻戦略』（角川SSC新書）
平川新著『戦国日本と大航海時代／秀吉・家康・政宗の外交戦略』（中公新書）
戸部新十郎著『剣は語る／己を乱す迷いに克つ、25の剣跡』（青春出版社）
津田三郎著『北政所／秀吉歿後の波瀾の半生』（中公新書）
E・M・フォースター著『ハワーズ・エンド』（集英社）
宮本武蔵『五輪書』（岩波文庫）
長井鞠子著『情熱とノイズが人を動かす』（朝日新聞出版）
田中茂朗著『モハメド・アリ／リングを降りた黒い戦士』（メディアファクトリー）
中野信子＋澤田匡人著『正しい恨みの晴らし方／科学で読み解くネガティブ感情』（ポプラ新書）
高木貞敬著『脳を育てる』（岩波新書）
小島喜逸著『醸技』（リブロ社）

本書は
・日経BPネット　2015年9月〜2016年12月
・日経ビジネス電子版　2017年1月〜8月
に掲載された内容をもとに大幅な加筆、修正をしたものです。
※本書に登場する歴史認識などは、あくまで一例を示したものです。
歴史認識などには諸説ある場合がございます。

殿村美樹（とのむら みき）

・PRプロデューサー
・株式会社TMオフィス代表取締役
・一般社団法人地方PR機構 代表理事
・同志社大学大学院MBAプログラム「地域ブランド戦略」教員
・関西大学広報論講師
・内閣府 地域活性化伝道師

「うどん県」「ひこにゃん」「今年の漢字」など一大ムーブメントを巻き起こした国民的ブームの仕掛け人。これまで三〇年間にわたり3000件以上のPRを成功させた実績を持つ。著書に『ブームをつくる 一人がみずから動く仕組み』（集英社新書）『テレビが飛びつくPR ―予算9万円で国民的ブームを起こす方法』（ダイヤモンド社）、『売れないものを売る ズラしの手法』（青春出版社）、など。

すごすぎる！

武将たちのPR戦略

著者　殿村美樹

２０１９年６月25日　初版発行

発行者　横内正昭
編集人　内田克弥
発行所　株式会社ワニブックス
〒１５０－８４８２
東京都渋谷区恵比寿４－４－９えびす大黒ビル
電話　０３－５４４９－２７１１（代表）
　　　０３－５４４９－２７３４（編集部）

装丁　小口翔平＋谷田優里（tobufune）
ブックデザイン　橘田浩志（アティック）
構成　田中茂朗
編集協力　宮原陽介（アップルシード・エージェンシー）
著者エージェント　アップルシード・エージェンシー
（http://www.appleseed.co.jp/）
写真　©R.CREATION/SEBUN PHOTO/amanaimages
校正　玄冬書林
編集　内田克弥（ワニブックス）

印刷所　凸版印刷株式会社
ＤＴＰ　株式会社 三協美術
製本所　ナショナル製本

定価はカバーに表示してあります。

ISBN 978-4-8470-6626-9
ワニブックス HP　http://www.wani.co.jp/
WANI BOOKOUT　http://www.wanibookout.com/